江戶一八五三年

著者／梅心怡・趙家璧
繪者／趙大威、韓采君

發行人／林載爵
叢書企畫・編輯／梅心怡

出版者／聯經出版事業股份有限公司
地址／新北市汐止區大同路一段369號1樓
電話／(02)89625588轉5305
聯經網址／www.linkingbooks.com.tw
電子信箱／linking@udngroup.com

2014年10月初版・2021年1月初版第二刷
ISBN：978-957-08-4461-0
定價：新臺幣380元

Edo in 1853
© 2014 Hsin-I Mei, Chia-Pi Chao, Ta-Wei Chao, Tsai-Chun Han
First published by Linking Publishing Company, Taiwan
All rights reserved.
Authors: Hsin-I Mei, Chai-Pi Chao
Illustrators: Ta-Wei Chao, Tsai-Chun Han

Japan's Edo period, which lasted from 1603 to 1867, was the final era of traditional Japanese government and society. The Tokugawa shogunate presided over 250 years of peace and prosperity, and it turned Edo to the actual political, financial, and cultural capital of Japan. Its political structure was based on the hierarchy of samurai, farmers, artisans, and merchants. The shogunate stabilized its power through strict control over the subordinate daimyo, the "alternate attendance" system, and the "lock-off" the country. Nevertheless, the rapid growth of urbanization, and the demographic movements from village to city, especially to Edo, still stimulated the boom in domestic economy, the rise in merchant class, and the development of popular cultures.

Edo in 1853 sets in the eve of Japan's transformation into "modern" country. In June of 1853, Commodore Matthew C. Perry led four U.S. Navy warships, the so-called Black Ships, to Edo. He demanded Japan to open the country and allow trade with the West, which dropped a bombshell on the Tokugawa shogunate and surprised Japanese with the power of Western technology. Despite the western shock, Edo in 1853 was still a huge, prosperous city that full of hope and opportunities. The unique popular culture was displayed in ukiyo-e, novels, and theatre plays. The splendid material culture could also be seen in the entertainment activities of sumo, kabuki, and Yoshihara, the pleasure district. This book not only illustrates the abovementioned cultures, but also the firefighting and policing systems, nationwide education, various formats of publications, the daily life of merchants and artisans, and the travel fever during the Edo period. It displays the vitality of Edo people and leads the readers to witness the transformation of this extravagant city.

MINISTRY OF CULTURE　本書由文化部補助出版發行

江戸
一
八
五
三
年

江戶 一八五三年

1853年，也就是江戶時代的嘉永6年，此時德川幕府的統治已過了兩百五十年，江戶也早已成為人口超過百萬的巨大都市。儘管天皇及朝廷仍在京都，江戶卻憑藉著幕府將軍的權勢、自全國各地蜂擁而至的武士、商人、工匠、藝術家們，以及完善的水陸交通網，成為實質的政治、經濟、文化中心。對江戶人及日本全國來說，這是特殊的一年，希望向日本政府遞交總統國書的美國海軍艦隊無預警地駛入江戶灣，而第十二代將軍德川家慶也在這突發事件的十九天後離開人世。

不過，儘管世界局勢變幻多端，黑船的到來也引起諸多討論，但對曾歷經幾場大火、饑饉後仍能重建這座繁華都城的江戶老百姓來說，對未來的不安仍是朦朦朧朧的影子。日常生活看起來與平常無異。繁榮的商業造就各種消費文化的興起，各式餐飲、澡堂、劇場、流行裝扮成為市民的生活中心，甚至還出現各種產品的購買指南或劇場觀賞手冊等服務性出版品。而教育的普及、印刷出版業的繁榮，也讓文學戲劇作品或以黃表紙的文字型式、或以浮世繪的繪畫流通。儘管天皇定都於京都，江戶卻以繁華又獨具特色的都市生活引領日本全國。

1.即將開啟門戶的日本

1853年的江戶實在很不平靜。先是美國東印度艦隊司令馬修·培里（Matthew C. Perry）率領美國海軍船隊駛入江戶灣，希望遞交美國總統的國書並商談開國問題，這些「黑船」的到來為日本帶來莫大的衝擊。十九天後，第十二代將軍德川家慶病故，德川幕府的威權與榮光也漸漸消褪。

2.動亂頻仍的中國

1853年的中國，登基剛滿三年的清朝咸豐皇帝正為嚴重的內亂食不安寢。三年多前從廣東起事的太平天國，以新宗教與農民起義為號召席捲南方各省，並在這一年占領江寧（今南京）作為都城。接踵而來的是清軍與太平軍的多場慘烈戰役，再加上英、法等國搖擺不定的態度，令大清帝國的百年基業面臨空前的挑戰。

工業革命下的英國

51年，倫敦舉行了第一次世界博覽
，英國人展示蒸汽機、機械農具與新
工業產品，不但讓與會者大開眼界，
確立英國作為工業革命先驅的地位。
53這年，英國政府成立了坎星頓科學
術博物館，顯現英國對工業技術的重
。而隨著機械化工廠產值的提升，也
英國紡織品衝向國際市占率的頂峰，
英國的殖民實力如虎添翼。

4.淘金美夢中的澳洲

1848年美國加州掀起的淘金熱為美國帶來
許多移民人口，促成西部大開發，讓原本
禁止採掘金礦的英國政府於1851年決定解
除澳州殖民地的禁令。這波淘金熱造成短
短數年間數十萬移民湧入，澳州人口迅速
攀升至百萬，經濟大幅成長。更重要的
是，這幾年從墨爾本聯邦儲備銀行運往英
國的黃金，甚至替英國還掉所有海外國債。

5.向歐州擴張的俄羅斯

看準鄂圖曼土耳其帝國已搖搖欲墜的俄
羅斯，向鄂圖曼帝國要求在其境內建立
東正教徒的保護地，希望能進而控制博
斯普魯斯與達達尼爾海峽、佔領巴爾幹
半島。遭到拒絕後，俄羅斯於1853年與
鄂圖曼土耳其斷交，並展開軍事行動。
反對俄羅斯擴張的英國、法國及薩丁尼
亞則加入鄂圖曼帝國的陣營，開始為時
三年的克里米亞戰爭。

天正18年（1590年），德川家康進駐由太田道灌於1457年修築而成的江戶城。當時的江戶已經是關東地區的交通樞紐，商業及城鎮都具有一定規模。1603年成為征夷大將軍的德川家康，命令底下的各藩國大名協助擴建江戶，將這城市打造為幕府的根據地。幕府更陸續向江戶灣填海造陸、開鑿護城河、整治河川，逐漸擴張這座城市。

江戶是以「の」字形的設計向外擴張的，並依照將軍、親藩、譜代大名、外樣大名、旗本、御家人*、町人的階級漩渦式地由內向外配置。「の」字的中心就是德川將軍統領天下的江戶城，從大手門到櫻田門，內側的本丸、二之丸、三之丸、西丸為將軍、世子、大御所（隱居的前任將軍）的住所。本城以西、半藏門以內的吹上則是德川家一門的宅邸。內城河外，東邊大手門外是譜代大名屋敷，南邊櫻田門外是外樣大名屋敷，而西側半藏門外至一橋門、神田門處則是旗本、御家人的聚居地。這些武家宅邸往東，從常盤橋、吳服橋、鍛冶橋等，到隅田川、江戶灣一帶，就都是江戶町人的所在地了。

1818年，幕府劃定「朱引」，正式確立江戶的範圍，四方邊界分別至今天的龜戶、西新宿、南品川與千住，這也是「大江戶」所指涉的範圍。大體而言，武家住宅位在江戶西南側並向北延伸，被稱為「山之手」，而江戶城東側以隅田川為首的河川、護城河地帶，則是庶民市街的「下町」。

親藩、譜代大名、外樣大名、旗本、御家人
親藩指德川家一門，大名是對領國有控制權的領主之稱。德川家康將豐臣政權移轉到關東地方時，授與主要武將世襲的城池與大名封號。1600年的關原之戰前即追隨德川家康者為「譜代大名」，關原之戰後才跟隨德川家的為「外樣大名」。旗本與御家人都是俸祿未滿1萬石的將軍直屬家臣，前者可以直接謁見將軍，後者則不行。

箱根關所

高輪

御殿山

愛宕山

金杉橋

芝浦

濱御殿

❶ 江戸城
❷ 加賀藩邸
❸ 北町奉行所
❹ 南町奉行所
❺ 火消第一隊は組
❻ 小石川養生所
❼ 淺草御藏
❽ 十軒店（日本橋本町）
❾ 三井越後屋吳服店（日本橋駿河町）
❿ 御高札
⓫ 昌平坂學問所
⓬ 芝蘭堂
⓭ 耕書堂蔦屋（日本橋傳馬町）

⓮ 仙鶴堂鶴屋喜右衛門（日本橋通油町）
⓯ 柳原
⓰ 金鱗堂尾張屋
⓱ 保永堂（靈岸島鹽町）
⓲ 市村座（猿若町）
⓳ 回向院
⓴ 新吉原
㉑ 龜戶天滿宮
㉒ 華德院閻魔堂
㉓ 王子稻禾神社
㉔ 淺草院、淺草三社權現
㉕ 山王日枝神社
㉖ 不忍池弁才天
㉗ 愛宕神社
㉘ 富岡八幡宮
㉙ 押上龍眼寺
㉚ 神田明神社
㉛ 飯倉神明宮（芝神明）
㉜ 鬼子母神
㉝ 鷲神社
㉞ 湯島天滿宮
㉟ 寬永寺
㊱ 增上寺
㊲ 天王感應寺
㊳ 目黑不動瀧泉寺
㊴ 新富士塚
㊵ 高輪大木戶
㊶ 四谷大木戶
㊷ 品川御台場

青山

谷中 ㉓
飛鳥山

東叡山

㊲

四谷
市谷
赤坂
㊶
⓰ 半藏門
牛込

㊱
⓫
❷
㊟

❻

平川門
一橋
小石川橋
㉚
㉖
㉞
㉝
大手門
神田橋
㉜
⓴
❸
常盤橋
筋違橋
㉔
鍛冶橋
吳服橋
⓯
八丁堀
❾
㉒
⓾ 日本橋 ❽
淺草橋

隅田川

⓲

❼
吾妻橋
向島
❺ ⓭
兩國橋 ⓳
❶④
㉙
新大橋
兩國
㉑

㉘ 永代橋

深川

西北
南東

7

參勤交代：跟隨加賀藩主一同上江戶

治理加賀、能登、越中三國領地的加賀藩，是領有約100萬石的大名。1853年，藩主前田齊泰帶著兩千多人，浩浩蕩蕩地自居城金澤出發，沿著北陸下街道至江戶「參勤」。藉由每年命令全國各大名往返領地與江戶的參勤交代制度，幕府得以集中權力、控制大名，也讓江戶成為全國各地物產、文化的匯聚之地。諸藩在江戶之間交流互動頻繁，而參勤交代沿途所經之處，也因為宿場、餐館或各類服務業而經濟繁榮。不過，諸藩不但要在江戶設立藩邸供藩主及其家臣居住，還要耗費龐大的人力財力於每年的奔波上，例如途中經過其他大名的領地，就要派遣使者贈送加賀當地的土產；為了順利行進，會沿路清掃道路及整備橋樑；藩主與隨從住進宿場的本陣（旅店）時，還要支付住宿費並贈予本陣亭主禮金，有時還要自掏腰包整修旅店，可說是相當辛苦又勞民傷財。儘管如此，這也是加賀藩誇示實力的好機會，欣賞陣容龐大、服飾華麗的大名行列，可是江戶老百姓的娛樂之一呢。

▼加賀藩規定，行進途中，所有人都要戴著笠。未行進間，如在等待渡船、藩主下轎下馬時、進入城內穿過市街時，就會脫下笠，並以淺黃或紺色的木棉袋裝著，以曲竹釣著背在肩上。

參勤交代

「參勤」意指大名至江戶拜謁將軍述職，「交代」則指返回各藩國。最早的參勤交代是在慶長7年（1602年），加賀藩主前田利長以探訪母親芳春院為由，至江戶述職。第三代將軍德川家光於寬永12年（1635年）頒布《武家諸法度》，規定每年4月，各大名輪替參勤，而且大名的正室及嫡子皆需住在江戶充當幕府的人質，目的就是為了控制大名。為了防止大名的妻子逃跑，箱根關所對從江戶出城的女性盤查極為嚴格。

加賀藩每年舊曆4月離開江戶，返回藩國，在藩國待一年後，次年4月再參勤至江戶。自1635年開始至參勤交代廢止的1862年之間，加賀藩參勤九十三次，交代九十七次，合計一百九十回，其中只有五十次發生於4月。未進行的年份通常是因為藩內饑荒、居城火災、藩主生病、過世、太過年幼，或遇婚禮而請假。

▶大名行列通過時，所有人都需避到一旁站著，靜靜等候整列隊伍通過，絕對不可穿過隊伍中間。如果是德川御三家經過時，老百姓還需要拜倒行禮。不過，只有產婆及飛腳（快遞）是例外。看！眼前就是一位產婆，無視前方迎面而來的隊伍，正急急忙忙地跑著，趕著去接生呢！

加賀藩的路線

加賀藩一百九十回的參勤交代中,有一百八十一回是利用北陸下街道,途中經過越中、越後、信濃、上野、武藏等國,跋涉120里(約480公里)後才會抵達江戶。通常旅程要耗費十三天。

參勤交代的人數與花費

根據1721年德川幕府的規定,20萬石以上的藩國需出隨從約四百人。但是對各藩國而言,來往江戶的路程也是展現自家實力的好機會,總不能太寒酸地經過其他大名的領地,所以總是在財政允許的範圍內多帶些武士,還會臨時雇用農閒的百姓做些扛行李的雜務。加賀藩最高紀錄曾出動四千人,至19世紀初第十二代藩主前田齊廣回國時,也帶了三千五百人浩浩蕩蕩地上路。一般情況下也會有兩千至三千人左右。

由金澤至江戶約需十三天的路程,要花費住宿費、行李搬運費、渡河費、各種用品之修繕費用、還要買土產給江戶的將軍、高官及沿途經過的其他大名。在文化、文政年間(1804-1829),一趟參勤交代要花費約320貫銀子,大約是台幣1億元左右。這樣龐大的開銷,即使是富庶的加賀藩也漸漸感到吃不消。

▼中軍包括大名的駕籠(轎子)、扛行李、為大名取草鞋等僕役,以及持刀持槍的護衛。駕籠其實坐著並不太舒服。

▼前鋒隊伍背著行李箱,上面印有金色的前田家梅鉢紋。前軍隊伍則浩浩蕩蕩地展現加賀藩的武力。先是二十人的長弓隊,後面跟著扛「御矢箱」的,裡面放著滿滿的弓箭與替換的弓弦。接著是二十五人的火槍隊、扛著毛槍、馬印及合羽籠(竹簍狀的行李)的,最後再跟著長槍隊二十人。

江戶城：以德川將軍為頂點的武士社會

將軍德川家慶

大名　　　旗本、御家人

家老　　　足輕

農人　　職人　　商人

孝明天皇（京都）

獵戶（穢多）

神官

▼御庭番與目付

御庭番是由第八代將軍德川吉宗所設，直屬於將軍的諜報組織，不但負責江戶城的警衛，還要調查幕府官員、各大名的動向，並蒐集江戶及諸藩的各種情報。接受將軍命令後，要先立下保密條款，取得幕府發下的工作證明及調查費用後，再出發工作。幕府老中及若年寄則指揮大目付及目付監視大名及旗本，還會協助裁判案件或巡視火場。

江戶時代是身份制度嚴謹、以征夷大將軍為頂點的武士社會。名義上國家的統治者是在京都的天皇，但是實際權力都握在江戶的將軍手上。將軍底下是諸藩大名及旗本、御家人。為了控制大名，幕府以參勤交代的制度，規定大名隔年來往江戶與領地，因此大名們在江戶城往往有多間宅邸，包括藩主及正室居住的「上屋敷」、退隱藩主住的「中屋敷」、緊急避難用的「用心屋敷」等。各藩有許多武士長期駐紮於江戶，因此武士階層占了江戶一半的人口。將軍會任命一些大名為大老、老中、若年寄等職位輔佐政務。老中可說是總管政事的人，1853這一年，為了美國黑船的到來，老中阿部正弘與牧野忠雅等人連日與德川家慶將軍商討如何應對，絲毫不敢放鬆。

至於俸祿不滿1萬石的將軍直屬家臣，包含可面見將軍的旗本與不可拜見將軍的御家人。這些直屬家臣被分派上至管理大奧、發行關所通行證的「留守居」、監督大名的大目付、負責幕府土木工程的普請奉行、管理江戶治安的町奉行等重要職務，下至擔任將軍警衛隊的小姓組、護衛大名嫡子的小十人組等職位。至於大名底下，也有各級武士，其中最高階級的就是「家老」。雖說頭銜中有個「老」，其實這個頭銜是由藩內重臣家族代代世襲，所以仍有年紀輕輕就成為家老的人，例如加賀藩剛滿十九歲的橫山政和（1834-1893），就在1853這一年成為家老。而武士中最低階級的就是足輕。武士之下，就是農民、商人及職人。還有些人屬於特殊階級，像公家貴族、神官、戲劇演員等。而如獵戶這類以殺生為職的則是「穢多」，與遊民乞丐都被視為社會的底層。

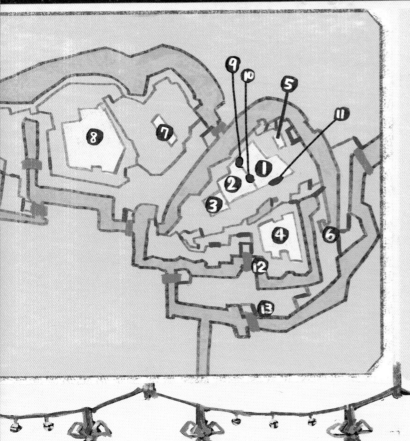

1 本丸大奧　　　8 西之丸
2 中奧　　　　　9 上御鈴走廊
3 表御殿　　　　10 下御鈴走廊
4 二之丸　　　　11 御廣敷的御錠口
5 天守閣　　　　12 大手門
6 三之丸　　　　13 大手下乘門、百人番所
7 紅葉山　　　　14 櫻田門

1640年，歷經三十七年建造的江戶城終於完工，四面八方皆可看見高聳華麗的五重六層天守閣。天守閣為銅瓦屋頂、黑漆牆面，在屋脊上綴有金鯱（虎頭魚身，傳說中可滅火），但在1657年的明曆大火中燒毀後，就未再重建。主城的本丸由南至北，可分為表御殿、中奧及大奧三個區域。表御殿包括發布法令或舉行儀式的大廣間、將軍見面大名的黑書院，及幕府官員的辦公場所等。中奧是將軍日常生活起居及辦公之處，大奧則是御台所等女眷的住處。

御台所

大奧是將軍女眷的住處，除了將軍外，禁止男子進入，外面的男性若要送貨進大奧或需處理公務，只能停留在御廣敷。在大奧裡工作的全都是女性，可說是江戶時代最大的女性職場。能進入大奧工作，代表身家清白又有能力，離開大奧後身價就立刻飛漲，因此是很多女孩夢寐以求的工作。大奧中除了御台所（將軍正室）、御腹樣及御部屋方等側室外，還有約兩千名在這裡工作的女中。女中階級分明，有些是由幕府直接付薪水的奉公者，包括等級最高的上臘御年寄及御年寄（老女）、可面見將軍的高階主管如御中臈、撰寫文書的右筆、進行大奧涉外事務的表使等，還有高階女中雇用的又者（幫傭）及在廚房工作及打掃的御末。另外，還有由女性扮成男裝和尚的御坊主。御坊主如同將軍的信使，可往來中奧及表御殿，將軍當晚想留宿大奧時，也會由御坊主通知大奧準備。將軍自中奧進入大奧時，需要穿過掛滿鈴鐺的「御鈴走廊」，當「上御鈴走廊」的鈴鐺被搖響時，就代表將軍要前往御台所或側室之處，「下御鈴」則代表將軍正前往其生母住處。

御中臈

御坊主

御台所

身為將軍正室的御台所，多是自朝廷公家中地位最高的「五攝家」中選出。御台所因為每次拜見將軍都要更衣，所以一天至少要換五次衣服。除了早上9至10點率領女中向將軍請安外，整天只能看書、吟詩、調香、賞花及梳妝打扮。此時將軍德川家慶的正室淨觀院樂宮喬子女王已逝世十三年了，因此大奧中地位最高的應該要算下一任將軍家定的生母本壽院於美津之方。

加賀藩邸：大名與下級武士的日常生活

加賀藩主的一天

前田齊泰平時都早上7點起床，但因為今日是初一，他必須進江戶城拜謁將軍，所以6點就起身了。他8點就乘著駕籠，帶著包括家臣、隨從等六十人前往江戶城。像他這樣身份較高的大名可以乘駕籠進大手門，至門內的「下乘轎」再徒步向內走。身份較低的大名就要在內櫻田門下轎了，而隨從都要在大手門外等候。進到江戶城後，依各人官位及石高，大名會被領至相對應的控席（等候室），前田齊泰因此被領至「松之大廊下之間」。從9點開始的拜謁，往往會耗費一上午，但因為這是向將軍展現忠誠度的好機會，所以前田齊泰並不敢無故不來。若是平常的日子，他應該就是留在上屋敷處理政務。因為幕府會派人監視大名，所以他平常不會隨意出門。

將軍的一天

德川家慶每天早上6點起床後，會刷牙、洗臉、由小姓修剪月代及鬍渣。8點用早餐時，小姓會幫忙挽髮，御醫也會替他把脈診斷。將軍的早餐多半被記載為兩菜一湯，但其實這個兩「菜」是特指像煮芋頭、紅燒魚這類燉煮的料理，其他的食物並未包含在裡面。所以這一天，德川家慶的早餐是一碗白飯、內有半熟蛋的味噌湯、豆腐、魚板昆布及鯛魚生魚片合成的小菜、燉煮鲂鮄魚、海苔卷玉子燒、醃瓜，以及味噌醃蘿蔔，其實相當豐盛。不過將軍和御台所的飲食都煮得較軟，所以牙齒都不太會被磨損，大概是因為很少需要用力咀嚼，所以下巴的骨骼也不太發達。

用完餐，將軍會著正裝去大奧。雖然此時御台所已逝世，但他仍會與側室與美津之方等人見面問安，並一起參拜歷代祖先的佛壇。之後就要返回中奧，開始與老中或大名見面，處理政務。中午用過餐後，得要讀書上課，內容包括四書五經、兵法詩歌，及書法藝術。身為將軍不但不能懈怠，還要文武雙修，因此還要勤練武術，不管是弓箭、劍術或馬術，都需要好好鍛鍊。晚上6點，就到了洗澡及用晚餐的時間了，如果待會要去大奧，在這之前就要通知大奧的人員準備。之後等於是自由時間，德川家慶有時會去大奧，有時則留在中奧讀書，晚間10點就準備就寢了。

同心的一天

身為同心的久右衛門，每天早上7點起床，早餐是熱白飯配冷豆腐及醃漬小菜，另外還有一碗蘿蔔泥味噌湯。他8點就準時到南町奉行所工作。上午10點，與力千之助抵達奉行所，久右衛門立刻向上司報告昨晚木挽町火災的後續處理，接著他就去淺草辦案。中午就近與同僚走到附近的小飯館，點了一份16文的納豆汁定食裹腹。下午回到奉行所繼續辦公到4點，下班後決定去附近的道場練練劍術，畢竟身為武士，萬萬不可疏忽武術的鍛鍊。晚上6點多回到家，吃了茶泡冷飯配醃漬小菜。飯後正悠悠哉哉地一面讀書一面與妻子閒聊，準備就寢時，平日為他蒐集情報的澡堂三助熊藏跑來，嚷嚷著小傳馬町一帶的商家發生竊案，久右衛門便趕忙出門追捕犯人，一直忙到隔日早上才回到家。

與久右衛門相比，來自松山藩的佐太郎就輕鬆多了。身為「留守居」的他，平日要接受幕府下達的命令、進行本藩與他藩之間的外交工作，尤其要與其他藩士多聯絡，上料亭探取情報，在藩主登城時也會陪同，於等待期間和其他藩士交換情報。不過，就算是這麼重要的職位，佐太郎一個月平均只要出勤六至十天，其中約六成是擔任宅邸的文書工作，四成就是擔任留守居，可以說一年間至少有兩百五十天是沒有勤務在身的。

家人金之助的家計簿——年收入

祿米50俵	17.5兩
役差：糊傘	1兩
人扶持	5.4兩
	23.9兩

金之助妻子阿信的家計簿——年支出

米3石	3兩
食品	3兩
生活用品	2.5兩
衣服	2兩
接待交際費	2兩
工作花費	2兩
儀禮行事	2兩
油、炭、薪、紙	2兩
年中臨時入用	2兩
寺社祭祀	1兩
教育費	1兩
修膳、醫藥等雜支	1兩
	23.5兩

結餘

23.9兩-23.5兩
=0.4兩

江戶的時間

江戶人是以「不定時制」來計算時間，也就是時刻是依照季節來變化的。每天早上的「明六刻」固定是日出的時間，所以大約是現代的5至7點之間，夏天白日長，早上5點左右就是「明六刻」，但到了冬天，就會延至早上7點。傍晚間的「暮六刻」也是同樣的情形，大約是現代晚間5至7點。江戶人會觀察太陽，也會聽城內報時的鐘聲來確認時間。為了方便起見，左圖的時間表是採春天秋天的中間值來計算。江戶在日本橋石町、上野、淺草寺、本所、芝切通、市谷八幡等地設有報時鐘。市區的民眾皆可聽到鐘聲，不過，居民必須繳納「鐘役錢」，也就是雇人撞鐘的費用。報時的鐘聲會先敲三下提醒，再敲實際的時間，因此當早上江戶人聽到九下鐘聲時，就知道是明六刻了。

武士的工作及俸祿

江戶晚期金幣的含金量越來越低，因此1兩的實際價格大約只有台幣1萬4千元（約日幣5萬元）。御家人金之助一家三口，推算一年的收入大約是台幣33萬4600元，總支出為32萬9千元，僅結餘5600元。雖然武士中也有收入高的，像是知名的町奉行遠山景元（1793-1855），收入包括薪水知行3000石（扣掉上繳的稅，實際收入為1050石），以及身為旗本原就有的家來14人（合計600石的祿米），也就是說遠山的年收入是1650石，相當於台幣2310萬元。若是收入最低的下級武士，薪水只有3兩1人扶持，也就是約4.8兩，合台幣6萬7200元。這樣看來，武士的收入差距極大，而大部分的武士都面臨收入不足、需要舉債度日的窘境。因此，下級武士往往都會兼差，像青山町的鐵砲百人組就以糊紙傘有名，他們做的傘因此被稱為「青山傘」；牛込弁天町的根來百人組則以做直徑1.8公尺的大燈籠出名；大久保百人町的鐵砲百人組都熱心於栽種杜鵑，甚至被評為「江戶第一壯觀」，吸引很多遊客；御徒町的御徒武士組則從事金魚養殖。另外，巢鴨的羽根細工、山之手一帶的風箏、養鳥、竹細工都很有名。下級武士的妻子也都親自包辦所有家事，並會製作牙籤、髮簪等手工品貼補家用。

江戶的火災極多，甚至多到與打架並列為江戶的特產。都市的人口密集，擁擠窄小的長屋也密集，因為建築物又多半是木造的，因此一旦失火，火勢就一發不可收拾。最嚴重的大火當屬明曆3年（1657年）的「振袖大火」。據說這場大火的起因與少女的振袖和服有關。1654年3月，麻布百姓町的當舖遠州屋的千金梅野，一日與母親一同前往本鄉的菩提寺（祭拜家中歷代祖先的寺廟）本妙寺參拜。歸途中在上野山下遇到一位俊美的寺院小廝，梅野對這位美少年一見鍾情，但她父母無論如何打聽都無法找到這位少年。梅野一邊思念著這位少年，一邊製作了與少年當日所著衣物相似的紫色振袖和服。隔年1月16日，年方十七的梅野病故了。她的父母將這件振袖奉納予本妙寺超渡，但此和服後來被寺方轉賣至附近的二手衣店。1656年1月16日，買下這件振袖的紙商大松屋又藏的女兒，也以十七歲的芳齡過世，這件衣服又被送至本妙寺。再隔一年的同月同日，買下這件振袖的本鄉元町麴屋喜右衛門的十七歲女兒也病故了。三位少女的母親討論後，決定於1657年1月18日舉辦餓鬼普渡並火化這件振袖。但在火化時，因風勢太大，振袖帶起火苗飛入本妙寺的本堂，從本妙寺一路延燒至江戶各地，最後燒毀了六成江戶城鎮，江戶城的天守閣也在此火災中燒毀，自此未曾再重建，死傷人數多達十萬。但也有人發現，火災起點可能是本妙寺旁的老中阿部忠秋宅邸，可能是怕這引發民眾對幕府的不滿，所以隱瞞此事，將責任推給本妙寺。此後兩百七十年間，阿部家一直都捐獻供養費給本妙寺，可能就是為了贖罪吧。

▼**火事場泥棒**

亦即火場小偷。每當火災發生，就會出現趁亂打劫的小偷，因此當消防員趕著滅火時，維繫治安的與力和同心也忙著逮捕這些不法之徒。

火見櫓與火災警報

江戶各町的自身番（派出所）附近設有火見櫓（火警瞭望塔），上面有火警吊鐘，平日有人巡視，一旦發生火災就立刻敲鐘警示。火見櫓會通過改變鳴鐘的方式來通知大家起火點的距離，例如聽到「鐺……鐺……」代表起火點較遠，「鐺鐺……鐺鐺……」代表消防隊出動了，連續打擊的「鐺鐺鐺……鐺鐺鐺……」代表起火點較近，若是在鐘內來回摩擦地打就代表附近失火了，等到火撲滅時，就會改為「鐺……鐺鐺……鐺……鐺鐺……」。用這樣的方式，可以讓各地的民眾清楚地了解火勢蔓延的情況。

破壞消防

木造房屋使得火勢蔓延極快，加上滅火還是以人力接水的方式進行，所以消防隊採用「破壞消防」的手段滅火，亦即破壞位於火源下風口處的房子，以制止火勢蔓延。滅火時，手上揮動「纏」的旗手責任重大，因為他必須站在最佳滅火的地點當作標記，還要在屋頂上指揮大家破壞房屋，即便被火星燒到也不能退縮，可說是掌握全隊動向及士氣的關鍵人物。因此對江戶人而言，消防隊旗手是最有男子氣概的明星啊。

大江戶首席男子漢：終年繁忙的消防員與捕快

火消頭

梯子

纏

刺叉

鳶口

大鎚

大團扇

龍吐水

伊波呂消防隊

振袖大火後，江戶展開一連串都市更新計畫，大量將沿街的建築物都向兩側退縮，空出一塊廣場般的空地，稱作火除地，能作火災避難之用，也能防止火勢蔓延至其他建物。同時也重新配置大名宅邸、改良屋頂材質、架設兩國橋，以便疏散民眾至本所、深川一帶，江戶的市區範圍因而逐漸跨越隅田川向東擴張。江戶本來只有大名火消與旗本組成的定火消，之後名奉行大岡忠相於1718年設立了町人火消，編列一到十隊，每隊再以平假名的順序設立伊波呂四十八小組。伊波呂消防隊總人數大約計有一萬人，各組分守不同區域，維持消防隊的費用則由各町負擔。每組消防隊分為頭（隊長）、副頭（副隊長）、隊旗手、鳶（土木建築工人、架子工）、平人（持消防鉤）、筒先等。英勇的消防隊員都會穿短外掛，上面有各小組的標誌，衣領上也寫有名稱及職務。這些消防隊員平日多是建築工人，在火災發生時就會放下手邊工作，奮不顧身地前往現場，聽從隊長的指揮救火，英姿颯爽的身影，讓他們成為江戶老百姓憧憬羨慕的對象。不過，這些熱血青年習慣火速地破壞房子，又要和別組搶功，所以各個性急火爆，打架鬧事也時有所聞。

火消的工具包括纏（隊旗）、龍吐水、大團扇、梯子、鳶口（消防鉤）、刺叉、玄番桶。隊旗如同消防隊的標示，不但具有指揮作用，也是向別組宣告「這是我的功勞」的手段。底下的隊員，一面用大團扇驅散火星，一面用鳶口、刺叉及大鎚子拆除房屋。另外還有龍吐水，也就是噴水水泵。在玄番桶裡注水後，從水泵口向上噴水制止火勢蔓延。不過因為要不斷注水，水能噴出的高度也有限，所以滅火還是以拆除易燃建築為主要辦法，噴水只是輔助性地降低隊員，尤其是旗手被燒到的機率。如果立即撲滅大火，該組就會在屋頂上立起寫有組名的「消笴」木牌，以此證明滅火的功勞。

小心門戶小心燭火

木戶番

這是設在木戶（町門）旁的守衛，每天早上6點開門，晚上10點關門。值班人「番太郎」負責街道及町門的管理，晚上會敲著拍子木，一邊喊著「小心門戶！小心燭火！」一邊巡邏。若是過了門禁時間要通過町門，就要由番太郎陪同至下一個町門，或是由他敲擊拍子木通知下一道町門的木戶番，因此番太郎是維繫江戶治安的基層人員。每個町的木門旁還有儲水槽、梯子等消防用具。因為薪金微薄，難以維持生計，番太郎就在值班用的自身番屋裡做些小生意，所以又被稱為「商番屋」。這裡多半賣草屐、草鞋、掃帚、擤鼻涕紙等日用品和零食，到了夏季和冬季，還會賣金魚和烤紅薯，對鄰近住戶及來往旅人而言是相當方便的雜貨店。

町奉行

町奉行是管理江戶治安、司法、防災、制定法令的行政長官。江戶有南、北兩町奉行所，各有一名町奉行，每月輪番值勤，輪值者主持訴訟及判決，但非輪值的町奉行也要率領手下辦案、巡視，而判決結果需由兩位奉行共同商議。町奉行沒有固定的任期，但多為三到五年左右，俸祿為3000石，扣除上貢的稅米還剩1050石，年薪約等於台幣1470萬。兩位奉行手下各有二十五位與力，人力可說相當吃緊。儘管一般人多半認為町奉行所的職責就是緝捕犯人，但實際上，審理各類刑事民事案件、設置町火消、控管物價、管理小石川養生所、巡視各河岸倉儲等工作都歸屬於町奉行所。若遇上案件發生在武家大名宅邸或是寺廟神社，則必須與大名及寺社奉行協調。有時還要接受民眾為主公、師父、父母、兄姊等長輩「仇討」（報仇）的申請。町奉行會將復仇者的姓名、身份、年齡等資料記在「敵討帳」中，並發予許可證書「仇討免許狀」。得到許可證的人報仇殺敵後，出示此證並向官府呈報，就不會受到懲處。

町與力

南北奉行所各有二十五位町與力，底下各有一百二十名左右同心。在町奉行所中，與力和同心是主要執行調查、緝捕工作的人。儘管理論上與力和同心的職位是只能做一代的，但實際上多半成為世襲的職位，這是因為這份工作需要熟知江戶的大街小巷、人脈要廣、情報要全，底下的線人也是個人累積的資源，所以多半會將這些傳承給自己的兒子或女婿以繼承家業。又因為與力和同心多半聚居於八丁堀一帶，所以江戶人都稱他們為「八丁堀老爺」。町與力、火消頭及歌舞伎演員，合稱「江戶三男」，被江戶人視為最有男子氣概也最欣賞崇拜的對象。

町同心與岡引

町同心追捕犯人時，手上會持無刃的長刀、刺叉或梯子等道具，當然還有彰顯捕吏身份的捕棍「十手」。但兩百多名同心無法維持整個江戶的治安，因此同心會自行以每月2分至1兩的薪水雇用「岡引」，也就是線民來打探消息。町與力的年薪是200石，扣除稅約為台幣98萬，有些與力還會將幕府規定的300坪房屋分租出去以賺取外快。同心的收入則是30俵2人扶持，算起來年薪也才19萬7400元，房子則約100坪。因為同心要自掏腰包付線人費，按規定還要雇兩名僕人，經濟上不算寬裕。不過，無論是與力或同心，因為辦案的關係，有時會得到商家或武家的委託，禮金或外快的收入也不少。因此雖然官方薪水不算高，但八丁堀老爺們的生活比一般中下級武士優渥得多了。

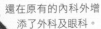

火付盜賊改方

為了有效疏解町奉行所的龐大責任，又因明曆年間的振袖大火的影響，德川幕府打算嚴加防範縱火及竊盜，因此成立「火付盜賊改方」，以此職位武力鎮壓放火，強盜、賭博等重罪。

火盜改底下有與力五至十人，同心三十到五十人。抓到犯人後，火盜改會模仿町奉行所內進行審判的「白洲」（鋪有白色細砂的庭園），在自家庭院中鋪上同樣的白砂，讓嫌犯坐在上面接受審判。審判結果直接向幕府的若年寄報告，可說是與町奉行平行的特別警察機制。

最有名的火盜改莫如人稱「鬼之平藏」的長谷川平藏（1745-1795），其任內將關八州大盜神稻小僧，以及在江戶市區內犯下諸多暴行的葵小僧兩大集團一網打盡，加上對老百姓親切認真的態度，受到江戶人的廣大支持，常暱稱他為「本所的平藏大人」呢。

小石川養生所

町奉行所必須管理政府為貧民所設的免費診療所，最有名的就是於1722年成立的小石川養生所。小石川養生所附近有藥園，收容人數也從原本的四十人擴增為一百五十人，還在原有的內科外增添了外科及眼科。

淺草御藏米河岸

町奉行所的另一個職責是巡視河岸的貨物以避免倉儲起火或被盜，例如幕府的米倉淺草御藏。這裡的米是用來支付旗本及御家人的薪資，由管理幕府財政的勘定奉行負責，但是町奉行所需巡邏以維護治安。

日本橋：江戶繁華的中心之橋與日本的起點

御高札

高札就是告示牌，德川幕府會在人潮匯集的城市關所設立高札，公布各種法令規章，例如《忠孝獎勵》、《毒藥買賣禁令》、《人口買賣禁令》等，諸國大名也利用高札傳達法令給藩地百姓。在江戶，高札設在日本橋南側靠近蔬果市場處，往東南方走則是住有許多與力及同心的八丁堀一帶。

　　繁忙的日本橋自清晨漁夫們將剛捕上來的新鮮魚貨卸下後，就開始喧鬧的一天了。日本橋作為日本全國道路網「五街道」的起點，又連接江戶豐富的水路網，匯集了全國的商品，難怪從早到晚都人聲鼎沸。瞧！一輛代八車載著一大捆貨物，車夫又推又拉辛苦地前進，大概是因為太重了，車子不受控制地從平素通行的左側往右邊傾斜，還差點撞翻一旁的駕籠，嚇得腳夫趕忙閃開。左側還有挑著擔子準備過橋的小販，大概是要到另一端的青物（果菜）市場去叫賣吧。旁邊的小巷子傳來捕吏的呼喊聲，聽起來正在追捕一名光天化日下行竊的小偷呢。

　　不過，這頭正大聲叫賣大隻「初鰹」的德助，可沒空去管這些。此時剛自九州游到江戶灣的初鰹可是江戶人心中的夢幻美食，各個都蜂擁到德助的攤子爭睹今年第一批鰹魚。這時節的鰹魚肥美豐腴，做成生魚片特別好吃，所以江戶人願意花大錢購買，甚至還有「為了買初鰹不惜賣掉老婆」的說法。賣一條鰹魚的價錢能支付德助所住的長屋近一年的租金，價格更高時，還可能賣到一條2兩的價錢，這可是一般商家下女一整年的薪水呢。啊～因為客人都擠在德助的攤子前，擋到上下橋的路，一堆駕籠因此大塞車了！不過，因為無論是武士或平民都可乘坐，費用又便宜，所以江戶大街上駕籠塞車的情形實在稀鬆平常。

　　德助的妻子阿時則去另一邊的八百屋（蔬果店）買筍，想著今天可以煮鍋竹筍飯，順便打聽一下右側正在施工的房子將來會開什麼店。一旁的帳面問屋看來沒什麼生意，小夥計只能盯著一疊大福帳（帳簿）發呆，不像隔壁的十軒店，儘管女兒節已過，客人仍絡繹不絕地購買精緻華麗的雛人形。阿時想著待會兒先向木戶番旁的唐人飴小販買些糖果給女兒小香、和那位剛與飛腳相撞的小販買張瓦板（報紙），再到旁邊的藥店買瓶「江戶之水」，那可是現在江戶最流行的美容聖品啊。唉呀！有一群人正在街上打架呢，惹得路人、行李挑夫，甚至是正在聽說書的民眾都忍不住看熱鬧。不過，打架在江戶可是常有的事，所以一旁騎馬經過的町奉行正眼都不瞧一下，只有四處參拜寫經的「六十六部」僧人好心地替這些鬧事者唸句佛號。

三井越後屋：從小學徒至大掌櫃的升遷之路

小僧（學徒）

長吉十二歲就到三井越後屋吳服店當學徒，能到這種全國知名店家奉公當學徒，當初可是拜託保證人擔保身家清白的。長吉住在店裡打雜，但在每日關店後，會由前輩的手代教導讀書及算術。與他一起工作的小僧都是外地人，這是因為學徒多半是從京都的總店或是外地商家送來鍛鍊的，所以店內有全國各地的腔調口音，這可說是知名大商家的特色呢！長吉沒有薪水，但是店家包吃住，每年過年（1月16日）及孟蘭盆節期間（7月16日），老闆還會準備旅費、旅行裝束、給父母的禮金及一套新衣服讓他能返家探親。十五歲元服成年後，長吉就改名為利兵衛了。

手代（夥計）

利兵衛二十一歲時被升為夥計，一般說來，從小僧升上手代大約要八到十年，也只有約二到三成的學徒能得到升遷，利兵衛很高興自己的努力沒有白費。因為江戶時代規定雇用期不可超過十年，所以利兵衛在二十一歲時返鄉三個月，老闆仍幫他支付旅費、給父母的禮金、旅行裝束及一套禮服，讓他可以衣錦還鄉。三個月後，老闆重新以手代的職級聘用了利兵衛。儘管他仍住在店裡，但總算能開始支領一年3兩的薪水了。

番頭（掌櫃）

三十歲時利兵衛被升成番頭了。在越後屋這樣的大商家，番頭也是有分成大中小等級的，不過，在三百多名員工的店家中，也不過就三位番頭，說起來利兵衛已經相當優秀了。番頭不但代替老闆處理所有商事，連老闆家中大小事務也會一併負責，像利兵衛最近就忙著張羅大小姐的婚事。另外，利兵衛已經獲得老闆准許，搬出店家在外頭租屋，現在事業有成了，他也打算結婚成家了，更希望能在四十歲時升成大番頭（支配人）。

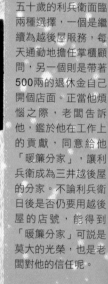

五十歲的利兵衛面臨兩種選擇，一個是繼續為越後屋服務，每天通勤出擔任掌櫃顧問，另一個則是帶著500兩的退休金自己開個店面。正當他煩惱之際，老闆告訴他，鑑於他在工作上的貢獻，同意給他「暖簾分家」，讓利兵衛成為三井越後屋的分家。不論利兵衛日後是否仍要用越後屋的店號，能得到「暖簾分家」可說是莫大的光榮，也是老闆對他的信任呢。

商家生活

三井越後屋吳服店就是現在三越百貨的前身。1627年，三井高利從伊勢地方來到江戶，在日本橋的駿河町開了販售和服布匹的越後屋。越後屋首創「不二價」、「現金交易、絕不賒帳」，以及「零售布匹」的策略，讓每位來店的客人都能在店裡親自選購布料，價格不但低廉，也不會因熟客生客、大盤商或散客而有所改變，零碼布還會打折出清。另外，越後屋還提供短時間將購買的布匹製成和服、雨天提供愛心傘等貼心服務，可以說現今百貨公司的行銷手法都源自於此。在越後屋工作，每個月可以得到一到兩天的休息日，1月16及7月16則是返鄉日。另外，每年的3月5日是契約更新日。每天早上約4、5點就要起床，工作到晚上8、9點。飲食方面，不論職位，三餐都是飯、醬菜、味噌湯。每月約有六天吃素，只有白飯及醬菜。不過初一十五的晚餐會有鮮魚。但要吃大餐，就得等到元旦、特別的祭典、學徒的成人式，或是升職的時候。

江戶的通用貨幣分成金幣、銀幣及銅幣，不過因為武士階級的俸祿常是以米來計算，所以也可以算是四種貨幣吧。一枚大判金幣是10兩，一塊小判則是1兩。銀幣是秤量的，1700年時幕府規定1兩小判可以換丁銀60匁，或是寬永通寶4000文，價值大約是台幣2萬2千元左右（約日幣8萬元）。不過，這個換算公式只能算是江戶時期的平均值。若是以1853年通貨膨脹及金幣貶值的情況來計算，1兩小判只能換得到約1萬4千元台幣。江戶時期與現今的貨幣兌換，依當時土木工人的薪資或是米價來計算，都會得到不同的數值。因此要了解江戶人的收支情況，還是以當時的物價來看更準確些。

大判

小判　　二分金　　一分金　　二朱金　　一朱金　　寬永通寶
　　　　　　　　　　　　　　　　　　　　　　　　　　一文錢

= ×2 = ×4 = ×8 = ×16 = ×4000

= ×10

小判

丁銀、豆板銀
60匁

= ×12 = ×4 = ×8 = ×16

五匁銀　　一分銀　　南鐐二朱銀　　一朱銀

江戶的物價：一兩可以買什麼？

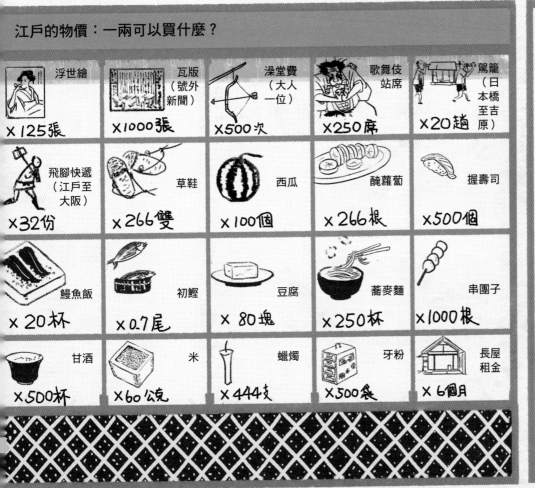

浮世繪	瓦版（號外新聞）	澡堂費（大人一位）	歌舞伎站席	駕籠（日本橋至吉原）
×125張	×1000張	×500次	×250席	×20趟
飛腳快遞（江戶至大阪）	草鞋	西瓜	醃蘿蔔	握壽司
×32份	×266雙	×100個	×266根	×500個
鰻魚飯	初鰹	豆腐	蕎麥麵	串團子
×20杯	×0.7尾	×80塊	×250杯	×1000根
甘酒	米	蠟燭	牙粉	長屋租金
×500杯	×60公斤	×444支	×500袋	×6個月

江戶人的收支

木工一天大約可賺到工錢6匁銀，約等於400文，這在一般的職人小販之中，算是薪資頗高的。沿街叫賣蔬菜的小販一天扣除進貨成本及開銷，大約可淨賺200文。商家的手代年薪約是2-3兩，在武家奉公的隨從下女，年薪也是不超過2兩2分，由此看來，單身男女住在每個月租金500-600文的長屋中，兩三天的收入就足以支付房租，要在大江戶生活相當容易。但若有家人、小孩要養，這樣的收入也就是堪堪打平，像孩子進寺子屋上課，每個月的費用也要2朱銀子。另外，到了江戶晚期，米價雖然下跌一些，但其他物品仍因通貨膨漲而變貴許多，像是原本一張4文的瓦版（號外報紙），到了晚期就飆漲至一張30文。一般的市井小民固然過得辛苦，領幕府薪水的中下級武士還要依規定雇用下人，生活也就更加拮据了。

AM 6:00

AM 7:00

AM 8:00

AM 10:00

PM 12:00

PM 6:00

　　早上6點，町木門一開，也是各商家、職人準備開店工作的時刻了。權六醒來後，雖然不是很想出門工作，但家裡的米缸都見底了，只能勉強煮出一頓早飯。用過熱騰騰的早飯，權六一出家門，就看見隔壁的藤四郎正準備到京橋大根河岸的蔬菜市場批貨到街上販賣，藤四郎的老婆阿初也正要到公共水井去洗衣服，而他的寶貝女兒阿蝶則要去寺子屋上課。權六最怕早上洗衣服了，那些婆婆媽媽們總是聚在一起閒話家常，還會叱責他不去找份正經事做，所以他前一天傍晚就快快洗好衣服晾在一旁。對門的松吉也正準備到日本橋那裡施工，據說那裡要開一家繪草紙屋，因為急著開張，找了許多土木工人趕工呢。

　　穿過長屋木門，權六看見路上有人正挑著一擔辣椒，他立刻決定跟對方批一些貨，背著一條布製的大辣椒，一邊跳著舞一邊叫賣著。雖然看起來滑稽可笑，但是權六賣力地演出，還逗得路上的小孩子哈哈大笑，一旁的媽媽們也就笑著買下他的辣椒。叫賣了兩小時，滿身大汗的權六趕忙四處找澡堂，抬頭一看，一個木招牌上畫著搭在弦上的弓箭*，這可不就是澡堂嗎？進到澡堂，買了擦洗用的米糠袋、毛巾和潔牙粉，權六就準備好好在浴池內放鬆一下。

　　洗完澡，權六信步走到路旁的攤子點了一份16文的蒲燒鰻，吃完再買一杯8文錢的甘酒，熱熱的甜酒釀一下肚，暑氣就被逼出，頓時覺得精神來了。吃完飯，權六再度背著大辣椒叫賣，走到兩國橋旁的見世物小屋（魔術、雜耍等表演棚子），剛好碰到好友川太郎頂著河童裝扮經過，一問之下，才知道川太郎今天的工作是在鬼屋中扮河童嚇人。兩人約好晚點一起去澡堂再泡個澡，再到二樓下棋聊天、修剪一下指甲和梳髮，之後再去附近的居酒屋喝幾杯。這樣一來，今天打工所賺的錢也就所剩無幾了，不過權六一點也不在意。可能是因為江戶火災頻仍，家常常在一夜之間就被燒光，所以江戶人總認為「不留隔夜財」的豪氣才是正統「江戶仔」本色。

*「射箭」與「入湯」的發音皆是yuiru，因此自江戶中期開始就以此充作澡堂的招牌。

江戶時代的老百姓，有像權六那樣每日打零工、領日薪生活的，也有依季節或流行販賣節慶物品的小販，更有許多專業的職人。職人一般分為在外工作的「出職」及在家工作的「居職」。出職中最讓江戶年輕人羨慕的工作地點就是錢湯（澡堂）。要在錢湯內坐鎮番台（收銀台），沒有十年的修業是無法達成的。像與權六住同棟長屋的熊藏，初入錢湯中工作，每天從上午6點工作至晚間8點，先學習整理木材場揀來的廢木料當作柴薪、在炎炎夏日或凜冽寒冬中燒好熱水，還要協助客人舀取沖洗身體的乾淨熱水，這期間都是以不支薪的學徒身份工作。經過十年的努力後，熊藏總算升為「三助」，可用糠袋為男女客人刷洗背部、手部，並拍打按摩客人的背部。熊藏長相好、手勁也夠，所以每次都得到不少小費。他最大的願望就是存夠300兩，買間自己的澡堂當老闆。

澡堂的生意總是很好，因為身為道地的江戶仔，總是要隨時注意自己的儀容，汗臭味和凌亂的髮髻可是瀟灑的江戶男兒的大忌。大人洗一次澡是8文錢，小孩則是4文，不過可以買定期券「羽書」更划算些。進到澡堂，在入口處脫了鞋子、擦洗身體後，就可穿過防止熱氣外溢的低矮隔板（石榴口）在浴池泡澡、享受三助的服務。早上6點就開始營業的澡堂中，男湯裡不是昨晚在賭場或吉原消費的客人、閒來無事的退休人士或下級武士，就是工作到一半想清洗一下的職人。相較之下，女湯顯得很安靜，只有町與力和町同心在洗澡。因為女性多半上午還在做家事，所以與力同心可以好好享受，還能順變探聽男湯的八卦呢。

可以使生活優渥，也不擔心找不到工作的夢幻職業中，大工（建築工人）一定是前三名的行業。因為江戶常有大火，所以房子常常重建，若是急著重新開幕的商家，更是會不惜重金聘請大工。權六的對門松吉，早上約7點就開始工作，至下午5點結束，一年約工作二百九十日，每日賺6匁，年收入是一般職人的二到三倍。不過松吉能熬到今天也很不容易，他自十二歲起，就跟著師父當徒弟，經過八年的修業，又替師父免費工作一年後，才得到鑑札（營業許可）獨立。

賣油郎勘平的工作也是江戶時代的熱門職業。一根12文的短蠟燭非常昂貴，只有舉行法事、特別儀式，或是大名宅邸、大商家及吉原才會使用蠟燭，一般人都使用油燈，因此家家戶戶都定期向勘平買油。賣得最好的就是油菜花搾成的「種油」，味道不明顯也可以作食用油，原本一合賣20文，到江戶晚期賣到34文，有時還會因缺貨而漲到45文。一合油大約到上午10點就賣完了，因此想買油的客人都得起個大早搶油。當然也還有更便宜的魚油，不過味道就很差，但若是晚上也要用油燈的平民，購買這種低廉的魚油是最划算的了。

注重穿著打扮的江戶人，除了愛上澡堂洗澡外，更在意鬍子有沒有刮乾淨、月代是否剃得清爽美觀，以及髮髻是否結得整齊。這時流行的髮型是銀杏髻和本多髻，前者的月代狹長，頂髻也較長，後者則月代較寬，髮髻梳得較高。若要開一間「床屋」（理髮店），至少需要500兩，資金不足的結髮師，只能選擇四處巡迴結髮，或是到澡堂內替客人剃髮綁髻，或是背著工具箱到各商家到府服務。費用大約是28文，以一位客人大約五天會結一次髮來算，一位客人每月大約會花200文。

另一個生意很好的職業是二手衣販賣。江戶時代好的布料價格昂貴，即便是普通的木棉織品一反（約36公分、寬12公分長）也要1兩，因此庶民多半買二手衣物，再回家自行裁剪成合適的尺寸。大型的二手衣物店舖多集中在神田的柳原一帶，沿著神田川河岸，整排都是掛滿二手衣物的店家。除了店面外，商人也會將比較便宜的二手衣物掛在竹馬上，在街上叫賣著。這種叫賣方式對平常在商家工作，抽不出時間去二手衣店的下女來說，是相當便利的購物方式。

江戶職人精神的極致就是要全心全意地為工作精益求精，即使只是賣糖果，也要投入全副心力，所以想要吸引小孩子買糖？那就穿上唐人裝（雖然說是唐裝，但其實更像是韓服）、戴上唐人笠，吹著唐人笛或是喇叭，好好跳個舞吸引孩子。原本只賣長崎特產飴菓子的唐人飴小販，這時候也開始賣起棒棒糖了。每當賣出糖果，小販就會跳首《出鱈目》，熱鬧的場景總是吸引許多孩子。

想到江戶的菓子屋買特產，首選一定是深川的船橋屋織江。18世紀末京都的羊羹剛引入江戶時，引起一陣流行風潮，不過京菓子非常昂貴，因此船橋屋改良為以白砂糖製作、味道素雅的江戶羊羹。另外，有別於官方以白砂糖製成的「上菓子」，無法使用白砂糖的江戶老百姓就改用黑砂糖做出江戶獨有的駄菓子。江戶後期曾有多達一百二十家菓子屋，也出現許多庶民點心，例如淺草的草餅、草加煎餅、深川的花林糖及麴町的牡丹餅。

一根4文的紙蝴蝶是江戶獨有的超人氣玩具，在削得極細的竹子一頭貼上紙蝴蝶，將竹子塞入竹管中，拉動竹管就能讓紙蝴蝶如同飛翔般跳動。蝴蝶小販總是戴著網笠，將紙蝴蝶竹管放在身前的小箱子中，手上拿著兩、三根吸引小孩子。

江戶的蠟燭約有三分之二是由大坂進口的，剩下的三分之一才是在本地的蠟燭屋製作。江戶自產的蠟燭是將插入竹串中的燈蕊，一次次放入生蠟中，讓竹串沾上一層層的白蠟所製成，成本很高，所以一般人使用的是由魚油獸脂製作的大坂蠟燭，費用便宜許多。一般蠟燭依粗細分別為9文及18文，佛事中使用的百目蠟燭一根則要200文，對一般平民而言都算是奢侈品。

江戶初期的女性，頭髮多半只是束起來，自中期開始有各種不同的髮髻，像是少女常梳的桃瓣型髮束、武家女子流行的島田髻、華麗的文金高島田等，女性結髮也因此成為一股熱潮。不過，武家或大商家的女子多半在家中由侍女或自行結髮，一般是遊女、藝人或一般商家的女性才找女結髮師。一次多半是32到64文，繁複一點的髮型還可能要價100文。因為女性無法去一般男性結髮的床屋，因此這種按月訂約的女結髮師生意很好。

重視儀容的江戶人，不但愛洗澡、愛梳理頭髮，更愛刷牙，無論男女都以潔白的牙齒為榮。這時候刷牙是使用房楊枝，也就是將柳樹枝頂端削成穗狀，沾取潔牙粉刷牙。寬永20年（1643年），丁子屋喜左衛門從朝鮮商人處習得作法，將含碳酸鈣的白陶土「房州砂」加上薄荷、胡椒、唐辛子、丁子（丁香）製成的「丁子屋的潔牙粉」，又叫「大明香藥砂」，在包裝上寫著「讓牙齒潔白，去除口中惡臭」的廣告詞。到了18世紀，牙醫兼康祐悅賣的「乳香散」及蘭學者平賀源內廣告的「漱石香」成為流行商品。一般老百姓買的牙粉大約是一包8文，可用一個月，不過高級如「近清香」的價格就高達130文了。牙粉小販也不只是販售牙粉，還會提供拔牙、裝假牙的服務，可說是江戶時代的流動性牙醫。

江戶人愛玩兩種紙上遊戲，一種是「雙六」，將日常生活中的場景畫成遊戲，例如「奧女中奉公雙六」就是以武家下女的晉升之路為主題的桌遊。另一種則是「賀留多」，也就是紙牌。紙牌分成詠唱牌及抓牌兩組，前者牌上印有諺語、短歌或人物肖像，對應的抓牌上則印有與詠唱牌相關的和歌下半句、圖畫等。詠唱者照著詠唱牌吟唱，藉由提示，對手要找出相對應的抓牌，哪一方獲得的紙牌越多就是最後的勝利者。製作紙牌時要先繪製主題，再將十至二十張紙一層層疊上黏合，使紙牌變厚，最後再用裁切工具裁開，裁切時要特別注意不要讓黏合的紙剝落。

長屋：蝸居在百萬人都市的一隅

川太郎　優　拓哉　陽菜　智久

敦親睦鄰的雅房生活

長屋內的居民都共用水井洗衣煮
飯，鄰里之間的會議也都在這裡
舉行，而且7月7日大家會一起清
洗水井。另外，要自稱為純正的
「江戶仔」，除了自祖父母三代
都是江戶人外，出生時用江戶的
井水洗澡也是必要條件喔。

長屋：蝸居在百萬人都市的一隅

川太郎　優　拓哉　陽菜　智久

敦親睦鄰的雅房生活

長屋內的居民都共用水井洗衣煮
飯，鄰里之間的會議也都在這裡
舉行，而且7月7日大家會一起清
洗水井。另外，要自稱為純正的
「江戶仔」，除了自祖父母三代
都是江戶人外，出生時用江戶的
井水洗澡也是必要條件喔。

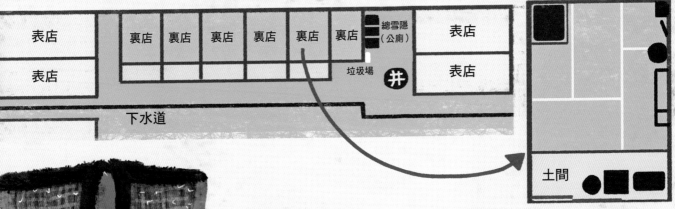

長屋的生活

江戶老百姓多半住在長屋內，面向道路的稱為表店，前面是店面，後方則是較大的居住空間。表店與表店之間有木門，沿著小巷進去是深可達36公尺的町屋敷，小巷的另一頭是與另一個町之間相隔的木門。町屋敷內面積較小的是裏店，多半是一排六間，兩排裏店隔著小巷相對。一般典型的長屋空間大小是九尺二間，也就是寬九尺（約2.7公尺）深二間（約3.6公尺），大約是三坪大小。因為非常狹窄，所以一進去先是水泥地的土間及簡易的廚房，設有爐灶、水槽及水缸，裡面則是四疊半榻榻米房間。長屋通常都由地主雇一位房東管理大小瑣事，居民們會共用水井、垃圾筒及廁所。公廁儲存下來的下肥，可以販售給需要的農民，算作房東的額外收入。租屋的身家調查、外出時的通關許可、婚喪喜慶都要向房東報備。長屋雖然狹小，但是一個月的租金大約只要500-600文，相當便宜，對一般老百姓而言，打工的收入也足以支付。

引以為傲的自來水

江戶因為靠海而極度缺乏飲用的淡水，所以早在建城之初，自來水道工程就是幕府的首要建設之一。德川家康先是在1590年整頓了以江戶城西邊井之頭池為水源的「神田上水」，後來又在1653-1654年整頓了取自多摩川水的「玉川上水」。淡水由這兩條自來水道經過堅固的松木或檜木樋（水管）及細竹樋通往各街町長屋的水井，讓江戶居民能飲用乾淨的自來水。不過，居民也需依照住宅面向馬路的門面大小繳交水費。

▲▶ 江戶人的寢具

住在長屋中的老百姓，晚上就寢時就把白天摺疊在角落的敷蒲團（棉墊被）攤平，再反穿上大棉襖般的搔卷當作棉被就可以入睡了。儘管到了江戶中期，敷蒲團已是平民也買得起的物品，但還是相當貴重。所以在大火頻仍的江戶，往往會在敷蒲團下方墊上大大的包袱巾，要是不幸起火，把包袱巾一捲，就能把敷蒲團和搔卷全包起來背在身上帶走了。冬天需要火盆或暖桌，而夏天驅蚊的蚊帳及燃燒用的鋸屑則是萬不可少的。許多人會在秋天把蚊帳當掉，夏天再贖回來，這樣又不占收納空間又可以得到現金周轉，相當方便。

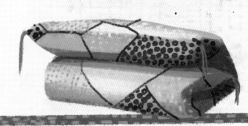

自力更生的職業婦女

住在長屋中的單身女性其實不少，這些女子通常開私塾或才藝教室，教授孩童讀書寫字、三味線、舞蹈或縫紉。想要嫁得好人家，擁有一些才藝機會比較大，甚至想要吸引女性的男子，也會學三味線表現一下才情，所以不少女性都能以教授才藝謀生。另外很受單身女性歡迎的工作就是至武家或大商家當下女。一般要先到「口入屋」（職業介紹所）登記，經過一天試用合格後，就搬進主家工作。契約一年一聘、包吃住。打雜的下女年薪1兩，但女紅做得好就可領到2兩。因為薪水不錯，節日發的獎金可存起來當結婚基金，而且曾在大戶人家做過事的經歷比較能嫁得好人家，所以「下女奉公」是不少女孩的夢想。

27

寺子屋：支撐江戶高識字率的私塾教育

書初

寺子屋學童的書法大會，在每年正月初二舉辦。所有的學童會聚在一起寫書法，展示一整年上課的成果。作品會掛在私塾內展示，如果沒寫好可是會被老師責罵，還會在鄰坊間丟臉。之後大家會一起玩抽獎、和歌紙牌等遊戲，再一起吃蕎麥麵，老師也會買些橘子、糖果讓學童帶回家。

　　寺子屋原本起源於中古時期的寺廟教育，江戶中期，讀書、寫字、珠算等技能越來越重要，因此私塾數量大增。江戶時期，無論是幕府透過御高札發布的命令、外出旅遊所要申請的關所通行證、商家記錄買賣的大福帳，以及許多小說、滑稽本的出版，都使得讀寫及算數益發重要。江戶各町的就學率，甚至曾高達70%。老師多半是退休的武士或商人或寺院神社的僧侶神官，後來也有女老師加入，往往在自己家中教導六至十四歲的孩子。寺子屋的教育並非統一教學，而是會針對不同的孩子一對一調整進度。書法及算數是每個人都要學習的，但對農家子弟會加強對農作物的認識，對商家子弟則會強調記帳的方法，對女孩子還會加入裁縫或三味線的課程，可見寺子屋的教育是以實用技術為主。

寺子屋教科書

寺子屋並沒有統一的教科書，多半是由老師自行決定教導內容，不過仍有些流行的教材。例如吉田光由（1598-1673）所撰的《新編塵劫記》，就是當時常用的算數課本，其中不但教導珠算，還有如何計算田畝的面積。《商賣往來繪字引》則是教導如何辨識漁產，另外也有教授書信範本的《百姓往來》。

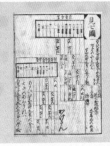

租書商人

寺子屋的普及提高了江戶老百姓的識字率，各類出版品也大量發行。不過，書籍對平民而言仍是貴重物品，應運而生的就是租書店。1808年的江戶就有六百五十六間租書店，可見閱讀市場的龐大。租書店的小販會扛著書到各住家、大名宅邸、寺子屋推銷，這些小販還會針對熟客的閱讀喜好準備不同的書籍。無論客戶想看近松門左衛門的《曾根崎心中》、井原西鶴的《好色一代男》，還是曲亭馬琴的《南總里見八犬傳》，甚至是食譜《豆腐百珍》，租書店都能以一冊16至24文的價格提供。

店紙草繪

蓬勃發展的出版業：華麗的浮世繪和平價的草紙讀物

江戶的版元（出版商）都兼營書店，分為書肆問屋和地本問屋（又稱繪草紙屋）。前者專門出版佛教、儒學等哲學書及醫書等專門學問書籍，後者則出版黃表紙、滑稽本等繪草紙或讀本小說等大眾化的娛樂書籍。繪草紙原本是以兒童為對象的圖畫書「赤本」，當戀川春町於1775年出版以成人為讀者群的《金先生榮華夢》後，以其封面呈黃綠色，因而將這類用精緻繪畫描述當時的風俗人情、在荒誕玩笑的文字中內涵智慧的娛樂作品稱為「黃表紙」，江戶中期町人在經濟、文化上的崛起，造就了山東京傳、曲亭馬琴等庶民作家，以及蔦屋重三郎、仙鶴堂鶴屋喜右衛門等知名版元。此時的作品也漸漸往附有插圖的讀本小說發展，例如曲亭馬琴的《南總里見八犬傳》及式亭三馬的《浮世風呂》。

為了吸引讀者，繪草紙上的插圖越來越精緻美麗，最後獨立為單張販售的浮世繪作品。能出版浮世繪作品的版元資金及人力都非常雄厚，因為一張浮世繪的誕生，就需要繪製畫作的版下繪師、雕刻木版的雕師、負責多色刷印的摺師三人的通力合作及高超技術。無論是黃表紙或是浮世繪，地本問屋都身兼出版及販售，像右圖就是蔦屋重三郎的耕書堂，可以看見客戶直接上出版商選購。不過就算是大眾讀物，費用也不算便宜，所以當時租書店林立，老百姓都能輕易地借到書籍閱讀。加上當時平民多多少少在小時候曾進入寺子屋學過假名，所以出版文化蒸蒸日上。而出版品與商品宣傳及歌舞伎、相撲、吉原等娛樂事業的結合，也讓各種讀物及浮世繪的發展日益成熟。

浮世繪的製作過程相當繁複。畫師先在畫稿上繪製圖案，再由雕師將畫貼在在數塊櫻木版上，依顏色的不同雕刻繪畫的不同線條，分別製作不同的版木。最後，由摺師將不同顏色的版，於一張紙上，一個顏色一個顏色地分別印製，有時一個顏色要印刷好幾次才能得到希望的成色，最後才能完成一幅作品。通常一張浮世繪就需要五至六塊版，但歌川廣重曾用到二十塊版。

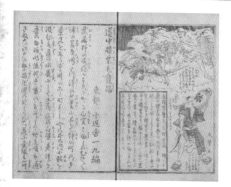

江戶出版品的種類非常多，書籍有如十返舍一九的《東海道中膝栗毛》這類娛樂取向的小說讀本，也有各種實用指南。為了從全國各地聚集江戶的人們，各種旅遊及購物指南紛分出版，例如1824年出版的《江戶買物獨案內》，書中收有兩千六百多家店舖的資料，按商品種類依平假名順序排列。分類包括針線店、蔬果店、料亭、蕎麥麵店、藥店、書店等等，店名及地址都記載得相當清楚。另外如1853年由金麟堂尾張屋清七出版的江戶分區地圖，可以看見地圖上以顏色區分武家、寺社、町家的範圍，這也是江戶時期行政管理所做的分隔。少部分知名店家會列在地圖上，例如日本橋的十軒店，但地圖提供最詳細資訊的還是以各橋梁、官方機構、武家宅邸及寺廟神社為主。以水路貫穿全市的江戶，橋梁不但是交通要道及商業中心，也是指引方向位置的標的物，而對各藩國隨同領主至江戶參勤的武士，以及在江戶擔任留守居的藩士而言，一冊詳列各藩上中下宅邸及官方機構的地圖再實用不過了。而對來江戶參觀的旅客而說，標明江戶最有名寺社景點的地圖，可以讓人絲毫不浪費時間，盡情地享受大江戶的美麗風光。地圖出版需要耗費許多人力實地測繪、更新資料，所以地圖出版商是專門的行業，但在需求量極大的江戶時代，也是相當賺錢的一門生意。

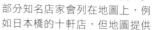

▲在靈岸島開店的保永堂是間小出版社，但在1832年至1834年間，版元竹內孫八企畫了一套出版品，他邀請當時已頗有名氣的浮世繪畫師歌川廣重（1797-1858），將東海道上五十三個驛站以一站一幅圖的型式呈現該站的特色風景，為了以大幅彩繪刊行，保永堂還與大出版社仙鶴堂鶴屋合作印製。這一套五十三張的浮世繪一推出，立刻轟動全江戶，甚至引起日本各地的瘋狂搶購，廣重自此成為中外知名的浮世繪大師，保永堂也因此青史留名。這套浮世繪，也就是現今浮世繪作品中，翻印次數最多也最知名的《東海道五十三次》。當時一張賣12至16文，大約是一碗烏龍麵的價錢。上圖是東海道第十六個驛站蒲原宿夜晚的雪景。

▲無論是歌舞伎演員的「役者繪」、《水滸傳》人物的「武者繪」，還是以妖怪結合政治時事的諷刺畫，歌川派的一勇齋國芳（1798-1861）都相當拿手。德川幕府於1842年禁止歌舞伎演員及吉原藝妓的繪畫，希望能整頓奢華浮誇的風氣，因此國芳曾遭到逮補並被罰款。國芳知名作品包括上圖的《相馬的古內裏》，這是取材自1806年山東京傳的讀本《善知安方忠義傳》，描述在平將門之女瀧夜叉跡召集兵馬，向殺害父親的源賴信家臣太郎廣光報仇。國芳參考西方的解剖學書籍，正確地描繪人體的骨骼構造，在讀者心中留下深刻的印象。

▶浮世繪中一項重要的分類就是美人圖，主角包括商家的看板姑娘及吉原的藝妓。江戶的茶屋及餐館往往以女性員工或家中的女兒作看板姑娘，搭配自家的商品繪製成廣告宣傳。像鈴木春信筆下，谷中笠森稻荷神社旁的茶屋看板姑娘阿仙，在當時就是江戶人人皆知平民美少女，不少人為了一睹阿仙而至谷中參拜呢。三代歌川豐國（1786-1865）也是以美人圖聞名，不過他的對象通常是吉原的遊女，在這幅描繪遊女生活的《吉原時計》中，可看到酉時（晚間5至7點）準備開始接待客人的藝妓正仔細地上妝。

吉田松陰（1830-1859）

1840年，十一歲的吉田在長州藩主面前講授《武教全書》。吉田自幼即被視為兵法奇才，成功過程中，目睹中國清朝遭英國、法國等列強以鴉片戰爭、英法聯軍等為由，被迫簽下不平等條約，他因而動念學習海防。松陰前往九州，並在長崎登上荷蘭和中國的船隻參觀，又看到西洋炮術的實彈演習，回到江戶的松陰當即拜在曾書〈海防八策〉的佐久間象山門下。1853這一年，見到黑船的松陰打算前往外國留學，遂和同鄉的的金子重輔計劃登上停泊長崎的俄羅斯軍艦，可惜最後未能成行。

安積艮（1791-1861）

此時正擔任東京大學前身的昌平坂學問所教授，在黑船來航時，將培里帶來的美國國書翻譯成日文。

大槻玄澤（1757-1827）

在江戶創辦洋學堂芝蘭堂的大槻玄澤，是知名的蘭醫生。江戶時期因為限制與外國的往來，歐洲人中只有荷蘭人可居留於長崎，因此由荷蘭人引入的各種西洋知識就被稱為「蘭學」，而西洋醫學被稱為「蘭醫」。芝蘭堂每年西曆元旦會全員聚集舉行「新元會」，招待至江戶拜謁將軍的荷蘭人。

▲田中久重（1799-1881）

因幼名為儀右衛門，又擅於製作機關人偶，所以被稱為「機關儀右衛門」。久重最知名的作品就是「寫字人偶」及右圖的「拉弓童子」。透過精妙的機械齒輪，童子會從立箭器取箭，再搭到弓上射靶。此時的久重正受到佐賀藩主的邀請，製造出日本最早的蒸汽車及蒸汽船。

▲花道
自觀眾席後方左側休息區通至舞台的表演區域，
與舞台同高，演員由此登場。

歌舞伎起源於江戶初期出雲阿國所跳的舞蹈，於17世紀後期已發展出戲劇的形式，包括盛行於江戶，以武勇對抗怨靈或惡人為主題的「荒事」、流行於京坂地區，以戀愛、情事為主的「和事」、由歷史故事改編成的「時代物」，以及由當時發生的真實事件或日常生活改編成的「世話物」。1842年，幕府為了端正風俗，利用數個劇場失火重建的機會，命令劇場移往猿若町，更下令禁止演員奢靡的生活。不過，江戶民眾對歌舞伎的喜愛，不但促成浮世繪中「演員繪」的流行，更讓某些歌舞伎演員成為如二代市川團十郎那樣年收入達千兩的「千兩役者」，也有像八代目市川團十郎那樣的流行偶像，據說他的女粉絲連他的口痰都加以收藏。

每年11月1日是歌舞伎的「顏見世」，猿若町的「江戶三座」（中村座、村山座、森田座）自10月中就會開始販賣這天的演出節目表、掛上大看板宣傳，之後就會公開接下來整年的演員陣容，並進行全年的首度公演。因為這一天也是歌舞伎演員簽訂契約的日子，所以舊曆11月等於歌舞伎劇場的正月。歌舞伎早上6點就開演，直至下午6點結束。上等席必需透過茶屋預購，但一般的座位往往深夜就要開始排隊。半夜2點芝居（劇座）會公布劇名角色，4點敲響第一次太鼓，而在早上6點第二次太鼓響起時，就開始正式售票了。通常第一幕會表演時代物，第二幕演世話物，是耗時一整日的休閒活動。

與話情浮名橫櫛

1853年5月在猿若町中村座首演《與話情浮名橫櫛》，男主角與三郎由當紅的八代成田屋市川團十郎擔任，女主角阿富則由人氣也相當高的四代尾上梅幸飾演。這部戲描述江戶大商家伊豆屋的少爺與地方老大赤間源左衛門的妾阿富在海邊相遇，兩人一見鍾情。二人的戀情敗露後，與三郎被源左衛門的手下砍了三十四刀後逃走，而誤以為與三郎已死的阿富，投海自盡時被和泉屋多左衛門相救。三年後，被小混混搭訕的阿富驚見滿身刀疤的與三郎。幾經波折，兩人發誓今生今世永不分離。歌舞伎偶像市川團十郎的演出，加上名台詞「卑微落魄的戀情反而招來怨恨」引起很大的熱潮，劇作家第三代瀨川如皋也因此青史留名。

▲ 各種價位的觀眾席

觀眾席依票價分為東西二樓的棧敷，這是需事先預約的貴賓席，可以看到舞台及花道全貌。再來是一樓位子稍高的棧敷席。而中等價位的平土間，是以木板隔開、略低於舞台的枡席，每格內可坐四至六人。另外還有很便宜的羅漢台及吉野兩種席次，兩者都靠舞台後方，只能看到演員背影，前者在下層後者在上層，可說是專為沒錢卻想湊熱鬧的江戶人準備的。

▲ 幕之內便當

江戶人看戲可不是安安靜靜、正襟危坐的，大家到芝居一半是追偶像，另一半則是去湊熱鬧，所以總會帶點吃的喝的進場，與鄰座聯絡聯絡感情。兩幕之間的休息時間，就叫點外送吃食進來，這種午餐便當就被稱為幕之內便當。

能劇——能舞與狂言的結合

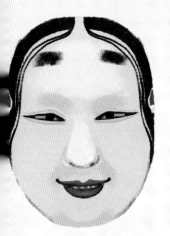

這是自日本中世流傳下來的表演，為神道教祭祀戲劇「式三番」、古典舞蹈「能」及滑稽短劇「狂言」的結合，演員會戴上獨有的能面具是其最大的特色。但是對江戶的庶民而言，比起歌舞伎及文樂，能樂顯得高不可攀，只有朝廷的公家或將軍大名喜愛。像加賀藩藩主就指定能樂為武士的正式禮樂並加以保護，因此發展出金澤獨有的「加賀寶生」流派。

人形淨琉璃與落語

歌舞伎以外，江戶老百姓熱愛的表演藝術還有被概稱為「文樂」的人形淨琉璃，以及單口相聲落語。人形淨琉璃是以三人控制的真人大小木偶，搭配義太夫的說唱道白及三味線的音樂，合為一體地表演世話物及時代物。真人大小的人偶，透過人形師的精妙操控，講述起人情的微妙之處，有時竟比真人演出還要精采。加上出現許多如近松門左衛門的傑作《曾根崎心中》、《冥途的飛腳》，這類描述江戶小人物面對感情與義理掙扎的真實故事，讓江戶人大為著迷。而落語的表演則因收費便宜、據點又多，說書內容更貼近日常生活與人情世故，在江戶後期也受到庶民的支持。

兩國回向院：引領流行的相撲力士

勸進相撲

本來就屬於寺廟神社祭祀活動的大相撲，在寬永年間（1624-1644）
轉為籌募寺社興建修膳費用的勸進相撲，並在各地寺社內舉行。

《兩國大相撲繁榮之圖》（歌川國鄉繪）

1657年的明曆大火，從本妙寺蔓延的火勢燒毀了
大半個江戶，因來不及越過隅田川而被燒死或在
隅田川中溺死的江戶市民不計其數。德川幕府為
此在三年後架設了連結下總國與武藏國的兩國
橋，以便日後能更有效地疏散人潮。這也讓江戶
市區的範圍擴展到隅田川東側，開發了隅田川以
東的本所和深川一帶。為了埋葬並祭祀在火災的
犧牲者，就在兩國建造回向院。兩國橋東岸有回
向院及大相撲，西岸則有各種見世物小屋、雜耍
藝人、料理屋，因而成為江戶熱鬧的娛樂場所。

在日本神話中，建御雷神與建御名方神在出雲國稻佐的小濱，協議以角
力（相撲）決定「讓國」的問題，這種利用相撲取得神意的方法，使相撲一
直與祭祀活動結合。各地也常有「神儀相撲」，也就是以相撲祈求及感謝神
明賜予農作豐收。原本江戶的相撲常在深川八幡宮內舉行，但因為比賽期間
總是發生許多打架鬧事，因此一度被幕府禁止，許多力士轉戰京都、大坂。
至寶曆、明和年間（1751-1772），因相撲會所的成立，讓組織化的相撲比賽
重回江戶。江戶時期的相撲賽每年春、冬兩季各在江戶舉行一場，夏天在京
都，秋天則在大坂舉行。其「番付」（賽程表）採「縱一枚」型式，也就是
左右兩邊各是東西方力士，由上而下列出大關、關脇、小結、前頭的順序。

18世紀是相撲的黃金時期。1789年11月，在力士谷風梶之助與小野川喜
三郎比賽時，行司（裁判）吉田追風為了炒熱氣氛，在最強的力士腰間掛上
注連繩來裝飾。所以「橫綱」就是指橫掛在力士腰上的注連繩，並在江戶成
為不定時授予最強力士的稱號。後來還出現了「大相撲史上前所未有的最強
力士」雷電為右衛門，他在二十一年的相撲生涯中，參加過二百五十八場比
賽，僅輸了十場，成為全江戶市民的偶像。而在嘉永年間活躍的相撲力士包
括右圖的君ヶ嶽助三郎，這些力士擁有與武士一樣佩戴脇差（防身的短刀）
的特權，進出江戶也因為身材特別高大不會被錯認而不需要通行證。相撲力
士可說是國民偶像，和町與力、火消頭並稱「江戶三男」，無論是歌舞伎或
是浮世繪都常以他們為創作主題。

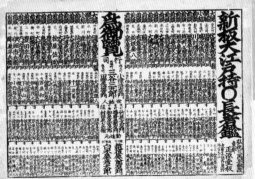

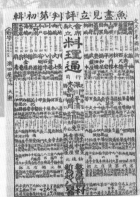

番付表

每場相撲比賽都會公布番付表，列出每位力士的位階及場次。
因為相撲的風行，喜愛為各種事物排名的江戶人，就發展出各
式番付表，舉凡江戶名產、菓子、料理屋、最有錢商人、美
食、溫泉、報仇事件，甚至是河流、街町等等，都能依相撲番
付表的型式，分成東西兩軍，依名次列出不同的位階。像是
「大江戶持○長者鑑」，就是列出最有錢的商人，前幾名是被
列為「行司」的兩替屋（錢幣兌換所）三谷三九郎，以及被列
為「勸進元」（主辦單位）的兩家吳服店越後屋三井八郎右衛
門和白木屋大村彥太郎。而「會席獻立料理通」則列出高級料
亭的排名，位居行司之首的是以新鮮鯛魚高湯知名的深川平
清。1717年創立的八百善也以當日取自多摩川上游溪水作
成，一碗價值1兩2分的茶泡飯等高級餐點名列勸進元之一。位
居大關位階的則有以初鰹料理聞名的誰袖、擅長海鮮料理的豐
田樓、使用從熱海溫泉直送來的熱水做料理的櫻井，還有以香
魚料理知名的有明樓及備有鮟鱇魚鍋的扇翁。由此也可看出，
江戶高級料亭的食物多以新鮮海產為主要特色。

花魁道中

大妓樓玉屋的花魁若紫接受指名後，前往引手茶屋迎接客人。從置屋前往茶屋見客的這段路，若紫身著2、30公斤的服飾，腳登4公斤的三枚齒下駄，以優雅的「外八文字」步伐領著花魁候補的振袖新造及正在接受訓練的少女「禿」等十人，浩浩蕩蕩地穿過仲之町。一旁春天的櫻花徐徐落下，見證這吸引眾人目光、讓吉原遊女羨慕的花魁道中。

從京都來江戶經商的吉次郎，久聞與京都島原齊名的江戶吉原遊廓。他先買了一本地本問屋「蔦屋」出版的《吉原細見》，裡面詳細記載了吉原各引手茶屋、妓樓的地圖、遊女的花名、階級及揚代（費用）。下午他先到淺草寺參拜，之後繞到後面，沿著日本堤來到吉原的大門。吉原的遊女分成八個等級，但這時候已經沒有最高等級的「太夫」，而是由「花魁」取代。吉次郎到了引手茶屋，一問之下才知道想要指名現在當紅的稻本屋花魁小稻，可是要經過多次約會也能成功。吉原的花魁可是擁有不受金錢誘惑，也不畏權勢的風骨呢。花魁可以自行決定是否接待客人，若遭到花魁討厭，捧著千兩黃金也無法一親芳澤。

吉次郎要先透過茶屋斡旋，在得到茶屋認可並通過身家調查後，第一次與花魁小稻見面，他只能在下位遠遠地看著，期間要大方地支付茶屋的餐飲費和手續費。第二次可以坐近一點，但也只能和對方打聲招呼。小稻如果願意見他第三次，會準備上面刻有吉次郎姓名的筷子和筷盒，代表正式認可他為熟客了。每次見面，吉次郎還要準備小稻及其隨侍者的出席費、置裝費、茶屋及妓樓的費用等等，可真說是一擲千金啊。

一分鐘成為江戶美女

想要成為今天的浮世繪看板美女，可不能像笠森阿仙一樣清純可人，也不像那位橘町的藝妓般修長健康，更不是高島屋阿久那樣豐腴豔麗＊，因為現在最流行的就是溪齋英泉（1791-1848）筆下那種自然頹喪、不加修飾的美女。長長的臉、細細的丹鳳眼、厚厚的下唇，微微上點白粉，只要淨白無垢，塗上薄薄的口紅，以淡雅的妝容呈現自然風情，這樣才是江戶美女。

＊以上三位分別是鈴木春信（1724-1770）、鳥居清長（1752-1815）及喜多川歌麿（1753-1806）筆下的美女。

雖說江戶美女講求自然，但其實還是要用點心思妝扮。因此，1813年出版，並於1851年再版的《都風俗化妝傳》以及在1814至1862年間再版四次的《容顏美豔考》可說是江戶女孩們的法寶。裡面不但提到要如何以刷具塗抹白粉於臉上及後頸，才能創造自然白皙的裸肌感，還會教導畫口紅及眼線的方法、去除青春痘的妙方、如何梳出精緻美麗的髮髻、剃眉後如何畫上最流行的眉毛。書中不但有詳細的文字說明，更有精美的圖片範例，還會依照身份、職業、年齡、場合、季節提出各種建議，讓每個女孩一本書就上手成為江戶美人！

當然，除了化妝技巧外，好的化妝品也是不可少的，這時候請參考1824年出版的《江戶買物獨案內》。這本書收有兩千六百多家店舖的資料，並將商品種類依平假名順序排列。從這本書就可以找到江戶的白粉紅問屋（販售鉛白粉及口紅）或藥種問屋（藥房）的店名地址，也可以找到已婚婦女染黑牙齒用的鐵漿水。說起江戶最知名的化妝品，那絕不能漏掉江戶京橋南傳馬町三丁目稻荷新道坂本屋的「美豔仙女香」，一包48文，可以去斑、撫平疤痕，讓肌膚自然透亮。當然，想要有服貼的妝容，在上白粉前記得先買一罐劇作家式亭三馬大力推薦的「江戶之水」，一大箱150文，可以在式亭三馬開在本町二丁目的藥房內購買。上白粉前先抹這瓶化妝水，可以確保妝容更持久。

正月

新年的開端總是非常忙碌，因為江戶人相信新年的第一天是取得一年好兆頭的日子，所以前一晚就會到高輪、芝浦、愛宕山、神田等地看日出。這一天早上還要汲若水、喝福茶。若水就是元旦一大早自井中取出的水，將若水加上昆布結、甲州梅、大豆、山椒各二、三粒，一起煮成福茶喝，可保證一整年驅邪禳災。懶得自己準備的主婦們，還可以直接去乾貨店購買現成的福茶食材，一包只賣4文，非常方便。還要記得將鏡餅、注連繩、神酒等擺上歲德棚迎接年神的到來。

初二這一天，大街上擠滿了人，商家老闆穿上正式的禮服，帶著扛著禮物的小學徒至客戶家拜年，拜年的活動要持續到十五日，實在是辛苦的體力活。準備去寺子屋參加書初大會的學童們，忍不住停下腳步觀看街上的萬歲及獅子舞表演。兩人一組的萬歲才藏表演，風趣幽默，只有過年才看得到。江戶城那一頭也是擠滿了人，因為從元旦開始，一連七天，各大名、幕府御用商人、江戶町人、僧侶、神官等都需分別進城向將軍賀年，這些人和他們的隨從將大手門擠得水洩不通。

而在第一個卯日（通常是初四），江戶人會進行新年第一次的神社參拜，稱為「初詣」，近來大家都喜歡去龜戶天滿宮內的妙義社。神社旁會有市集，賣有掛在家中天花板的青竹，上面飾有以泥土或厚紙製成的五彩繭玉，再加上金幣或寶船掛飾，可以祈求家業繁盛。到了初七，就是喝七草粥及年糕湯的日子了。爸爸會將水芹、薺菜、鼠麴草等七種植物各剁七次，小孩子則在一旁拍掌和著《七草歌》，再下鍋煮成粥，喝了就無病無災、長壽延福。商家則在這一天正式開始營業，並將鏡餅打碎做成年糕湯。

1月16日與7月16日則是商家小學徒可以回家探親休假的日子。據說這兩天地獄會放假開門，讓亡魂忘卻痛苦，所以小夥計會去閻王廟拜拜。江戶有許多閻魔堂，兩國回向院及淺草的長延寺華德院都是江戶人常去的地方。最後是龜戶天滿宮在24日、25日兩天舉行的「鷽替神事」。先將一年中所說的謊話封在舊的木製鷽（即山鵲）雕像內，在黑夜中至天滿宮，向龜戶天神祈求更換一個新的，以便能換取幸福，但是一定要從參拜人袖口傳遞到另一人的袖口，以接力的方式交換才算成功喔。

二月

2月第一個牛日是稻禾神的日子。稻禾神也就是狐狸神，能保佑作物的豐收，所以在這天大家會做初午團子參拜，而江戶人尤其愛去被視為關東地區狐狸總鎮守的王子稻禾神社。到了初八，可以看到不管是大名夫人、商家小姐，還是長屋裡的大嬸，都放下手上的針線活，將折斷的針插入豆腐及蒟蒻中。一方面是為了供養辛苦了一整年的針，另一方面則是為了祈求女紅的技術能有所精進。另外，儘管在1853這一年無法看到，但每隔五年的2月25日，都可以見到自長崎出島前來江戶觀見將軍的荷蘭使節團。這群荷蘭人藍眼睛高鼻子，衣著又奇怪，三年前來江戶時可吸引了不少圍觀人潮呢。不過，就算沒有荷蘭使節團，江戶人一整個月仍是興致高昂地出門，為的就是自這個月開始綻放的白梅，不論是向島的百花園、龜戶天滿宮附近的梅屋敷，還是增上寺內的茅野天神社，都是賞梅的好去處。

三月

3月開始進入春天的時序，因此各種活動都透著一股萬物復甦的喜氣。初三這一天一大清早，就有人攜家帶眷在深川、品川、高輪、佃田沖等地進行「潮干狩」。大家在退潮後就開始揀蛤蜊及其他的魚貝類，中午往往就配著飯糰或煮鍋湯立刻吃掉。回家途中經過日本橋，為了今天的女兒節，知名老店十軒店一大早就在門口擺出琳琅滿目、作工精緻的雛人形，吸引大批人潮駐足觀賞。有女兒的人家，早自2月中下旬，就開始在家中放置階梯式的台子，擺好雛人形，祈求家中女兒能夠平安地成長。回到家，則要好好地賞桃花、飲桃酒，還要在浴池中放桃葉洗桃湯。說到桃花，這時節不但可賞桃花，也是賞櫻的日子，不論在隅田川的堤防、飛鳥山，或是御殿山、吉原仲町，都可見帶著便當及酒，欣賞絢麗櫻花的人群。

初五的大街上處處可見從各商家或武士宅邸內，背著包袱準備遠行的男女們。原來這一天是下女、下男等傭工一年契約結束的日子，這一天可以返家一趟並與雇主重新簽約。傭工的契約多半是一年一聘，也有人只簽半年，那就要在9月5日再換一次約了。當然，這個月最讓江戶人雀躍不已的就是相撲的春大會了。相撲比賽一年中只有春天及冬天在江戶各舉行一場，每場約十五至二十天。豪邁颯爽的力士們可是江戶人心中的偶像，錦繪畫師們都已經摩拳擦掌準備用畫筆記錄下每位力士的英姿呢。

四月

五月

初一是全江戶統一的更衣換季日。江戶人在這一天會脫下棉襖，換上袷（含有內襯的夾衣），到5月5日，再換穿單衣（沒有內襯的和服）直到9月。初八則是釋迦如來的佛誕日，各寺廟都會舉行灌佛會，還會擺放裝飾著藤花、牡丹的傘狀小屋，小屋內有尊佛像，前來朝拜的香客可以水或七葉膽泡成的甘茶澆在佛像上。說起藤花，這時節龜戶天滿宮大門旁一反橋及心字池兩側的藤花，已開出夢幻的紫藤，成為江戶人郊遊踏青的好去處。藤花一開，也代表夏天的腳步近了，所以街上開始出現賣蚊帳的小販。當然，這個月最吸引江戶人的莫過於初鰹了。江戶人喜愛吃「初物」，也就是最早上市的當季產品，像春天的鯛魚和比目魚、夏天的鰹魚和石狗公、秋天的青花魚和竹莢魚、冬天的鮭魚和鱈魚。剛上市的鰹魚，不但美味更被認為能延年益壽，所以儘管所費不貲，江戶人仍趨之若鶩，就算是一般老百姓，也會幾家人合資購買一嘗鮮美的滋味。

5月最重要的就是初五的男兒節及端午，以及28日的「兩國開川」。有兒子的人家，會在男兒節這天掛上畫有家紋或鍾馗像的旗子、再擺上頭盔、菖蒲長刀、火繩槍、武將人偶，屋簷也裝飾著菖蒲，這時期也流行掛鯉魚旗。因為這一天也是端午節，所以白日會準備柏餅及粽子，夜晚則會喝菖蒲酒，隔天再洗菖蒲湯。另外，這一天江戶人還會將袷換穿為單衣。而28日的兩國開川，隅田川開始可行納涼船，兩國橋則施放煙火，至8月28日才會結束。這起源於享保7年（1732年）的大饑荒後，因為江戶傳染病肆虐，所以為超渡死者及驅逐惡靈而舉行水神祭，並在兩國橋附近施放大型煙火。當時擔任煙火施放的是日本橋橫山町的第六代鍵屋彌兵衛，而在1808年，鍵屋的番頭掌櫃清七得到「暖簾分家」的殊榮，取名為玉屋。擔任隅田川上游煙火施放的玉屋，與下游的鍵屋開始了煙火比賽，每年都吸引大批江戶人為其加油，即使1843年玉屋因為煙火事故造成火災而被收家產並流放，江戶人在放煙火時上游的人仍習慣大喊「玉屋！」下游的人則回以「鍵屋！」的加油歡呼聲。

六月

6月是眾多寺社舉行祭典的時節，加上又是仲夏，因此這個月有許多夏天的吃食及活動。從初一開始，江戶人就開始忙著四處參拜。富士山在這一天開山，至7月20日之間民眾可上山參拜，無法親自前往的人，也可以選擇改去江戶市區內各個小富士塚。5到14日則是各地的天王祭，大傳馬町天王祭（天王二之宮）、南傳馬町天王祭（天王一之宮）、小舟町天王祭都在這個月舉行，因此四處可以見到牛頭天王的木瓜神紋。15日則是日枝神社的山王祭，這可是江戶三大祭之一，與神田祭一樣，是被將軍准許進入江戶城的天下祭。山王祭與神田祭是隔年輪流舉行，山王祭在雙數年份會進行名為「神幸祭」的主打巡遊，華麗的山車總是讓人歡雀不已。24日則是參拜愛宕神社的日子，總社是京都的愛宕山，江戶人則會去在芝浦一帶高26公尺的愛宕山上參拜火產靈命。愛宕神社主要是保護人們遠離火災，據說在24日這一天參拜，就可獲得參拜千日的功德，而飲用社中的水，也能醫治孩童的癲癇及婦人病。
6月的最後一日是晦日，會進行夏越的拔被。這一天及12月的最後一日都是去除穢氣的節日。神社內會掛起以茅草束起的大茅輪，是傳說中素盞嗚尊給予提供祂住宿的蘇民將來，用以保護他去除疾病的。
仲夏時分，日頭甚烈，因此江戶人選擇此時晾曬書籍或衣服，另外也會將以鹽醃漬三天的梅子做成梅干。而說起夏天必吃的食物，江戶人一定會說是甘酒及蒲燒鰻。甘酒就是甜酒釀，一碗8文，原是冬天暖身用，但夏天喝了會流出一身汗，反而能讓暑氣全消，因此就成為江戶人熱愛的解暑飲品。另外，夏天的土用丑之日被認為是一年中最炎熱的時節，為了增加精力，所以自古就認為要食用「土用蜆」、「土用餅」、「土用卵」等食物，也要吃與「丑」字一樣是以「u」開頭的食物，例如梅子（Ume）及鰻魚（Unagi）等。在居家擺飾上，光聽聲音就能感受到絲絲涼風的風鈴，以及用小花盆裝的朝顏（牽牛花）也是不可或缺的。小販挑著紅、白、琉璃色（黃色）、柿色、淺蔥色等各式朝顏，天將亮時就開始賣，正午前賣完就收攤，生意總是特別好。最後，不可忘了夏天的螢火蟲，這時節小孩子總愛買個蟲籠，比賽誰抓到的螢火蟲多呢。

初七不但是七夕，也是長屋居民的淘井日。江戶人會在長竹子掛上寫有願望或短歌的彩紙，祈求心想事成。而長屋的居民則要將共用的水井大掃除一番。先將井內的水打上來，再請洗井的職人下去洗滌，清洗完後蓋上水井蓋子，上面再供奉酒與鹽，感謝一整年水井對大家生活的幫助。初九、初十則可見到江戶人蜂擁至淺草寺。這兩天是淺草觀音的四萬六千日，據說在這兩天參拜觀音，可以得到與參拜四萬六千日相等的功德，這也是為什麼這兩天淺草寺被擠得水洩不通。

近15日就是一連串與盂蘭盆節有關的活動了。先會有迎火送火，以供養祖先或孤魂野鬼。身份高的武家或家世好的人家，會在13日至祭祀祖先的菩提寺，於墓前點燈火，並一路上以白紙提燈引路，將祖先魂魄迎回家。一般家庭則全家人在玄關焚燒苧殼迎魂。16日晚間會在盆中放生魚片或麵類送走亡魂，亦即送火。兩國回向院會於7日舉辦施餓鬼會。街上則有小販賣掛在佛龕前的切子燈籠及方形燈籠，而吉原則自1726年後會在街道兩側懸掛玉菊燈籠，祭奠從前早逝的萬字屋遊女玉菊。到了26日，這一晚的月亮被認為是阿彌陀佛、觀音、大勢至三尊佛菩薩的合體，因此江戶人喜歡至築地、湯島天滿宮、芝浦海岸等地，或租船或在茶屋酒樓，一邊飲酒一邊賞月，認為這就像同時對這三尊佛參拜。

德川家康於1590年8月1日進入江戶，所以每年這一天大名都要登城祝賀。大名及旗本會著白帷子登城祝賀，後來吉原遊廓的遊女也學著在這一天穿上白無垢。古時人們會將稻子的初穗掛著供奉田神，並互相以茄子為禮物交換贈送，江戶時期大家就是互相贈禮慶賀。到了15日，除了中秋賞月外，就是各地的八幡宮祭禮及放生活動。中秋時節，江戶人會在面向院子的窄廊供奉芒、青柿、芋頭、毛豆、葡萄、栗子、糰子。江戶的糰子大小約直徑6-10公分，是以米搗成的粉，於天未亮時就製作，再加上尾花、女郎花等，用以供奉月亮。此外還會依家中人數製作小糰子，裡面加上柿子或栗子。每條河上皆有賞月船，高地或水邊的酒館也都是人潮。另外，各寺廟會舉行放生會，街上也會賣一條3文錢的小鰻魚及烏龜供人放生至河川中。至於八幡宮的祭典，最盛大的莫過於江戶三大祭之一的深川八幡祭。24日則同時是地藏祭及龜戶天滿宮的祭禮，而整個8月都是賞荻花的好日子，押上龍眼寺因為荻花極多，又被稱為荻寺，是江戶人夏末秋初賞花的好去處。

提到9月就會想到重陽賞菊、神田明神祭與芝神明祭。初九重陽節的前一天，江戶人會在菊花上蓋上真棉，次日棉上便會沾滿菊花的芳香與花露。相傳用含有花露的棉布擦拭皮膚的話能減緩皮膚老化、延年益壽、青春永存。一般民眾則會喝菊酒、賞玩菊花。江戶時期栽植菊花及以菊花做造型工藝相當流行，賞玩菊花的民眾也多。巢鴨、染井一帶的植木屋以花壇菊享有盛名，染井植木屋今右衛門還曾將一百種菊花接種在一根三寸高的台木上，並讓每枝都開花，當時亦流行用菊花做各種物品、人物、鳥獸的形狀。

11日開始則是神田明神祭與芝神明祭。與山田祭輪流隔年舉行，為天下祭之一的神田明神祭會持續到15日。據說德川家康於1600年征伐會津上杉景勝時，曾向神田大明神祈禱，而在9月15日這一天家康即獲得勝利，統一天下，因此家康特別上供社殿、神輿、祭器，也將神田明神當作江戶的總守護神。而持續到21日的芝神明祭，大家會將供品新穀、生薑、甘酒，放於千木箱中，如果裡面放了五色豆的話，提著走時還會喀啦喀啦響呢。市集內會有許多賣生薑的商人，所以也被稱為「生薑祭」。

這一天江戶人在10月第一個亥日會吃牡丹餅（又稱荻餅）。江戶麴町和菓子名店「助惣」的三色牡丹餅很有名，外層是紅豆餡、黃豆粉或胡麻，一個4文，一盆六個24文。另外，這一天也是開炬燵之日，這是幕府規定可以開始用炬燵及火鉢等暖房器具，不過，只有武家在這一天開炬燵，一般庶民則被規定在第二個亥日，這樣的身份差別也造成庶民的不滿。之所以選在亥日，是因為亥被認為是水性的陰日，水可勝火，所以認為這一天可以避火災。而從8日開始就是雜司谷威光山法明寺鬼子母神的祭典。這裡的市集有許多著名土產，像是川口屋的飴糖、以麥藁做成的角兵衛獅子及風車、芒草做的貓頭鷹及藪蕎麥。而在江戶擁有許多信眾的日蓮上人，13日是其入滅日，池上本門寺會舉行開帳儀式，信徒另外也會在崛之內妙法寺（現豐島區）、雜司之谷法明寺巡拜。日蓮宗的紋章取自日蓮上人的家紋，為「井中的橘花」，即湧出清水的井與常年為綠意昂然的葉子保護的橘花之組合，象徵永遠的生命。20日則是江戶商人最重視的惠比壽講，主要是祭祀七福神之一的財神惠比壽，祈禱買賣興隆、家庭平安。這一天商人會邀請親朋好友慶祝，在家中祭祀惠比壽及大黑神，並會供上一整隻鯛魚以及一些宴會用品。人們也會買福達摩（福神不倒翁）及上面掛有寶船、金幣的竹耙形吉祥物，認為可以來記許多財富。當然，秋天不可忘記賞楓，因此各地的寺社都開始紅葉狩了。

入冬開始各行各業都有不少典禮儀式。先登場的是初一的歌舞伎顏見世。江戶時代歌舞伎演員都是一年簽一次契約，從11月到隔年10月是一個期間。所以每年11月就會有像是演藝經紀公司那樣的單位，將今年他們簽的所有演員集合在一起表演，向民眾宣傳這些演員是他們今年的陣容。初八則是鞴祭，鍛冶師、鑄物師石工等日常需使用鞴（鼓風器）的職人會祭祀協助防火及傳授家業的稻荷神。這一天不工作而會大掃除，另會準備蜜柑送給附近的孩子日。

神社在第一個酉日則會舉辦酉市。根據傳說，日本武尊東征歸來後，在這一天於武運和開運之神天日鷲命的廟堂內，供上釘耙慶祝戰爭的勝利，因此酉市會販賣青竹製的釘耙形熊手，上面有寶船、米俵、金箱、的矢、注連繩、阿福面具、大黑像、鶴龜等，竹耙成交時，買賣雙方還有擊掌互慶的習慣。15日則是七五三節。小孩在這天開始蓄髮、穿和服褲裙、拿掉腰帶開始紮束帶，可說是代表孩子成長的一天。在兩國回向院舉行的冬季大相撲也是江戶人引頸期待的活動。另外，農閒時刻大家會參加「伊勢講」參拜伊勢神宮。神宮會派出御師，至各地宣傳並安排參拜旅行套裝。不但安排食宿，還附送御札及伊勢曆、鮑魚、神宮境內圖等土產給信眾。

年末開始為新年作準備了。無論是諸侯大名或尋常百姓，都會用里芋、大根（白蘿蔔）、牛蒡、燒豆腐、田作的平盛、味噌汁、鹽漬鮭切片做成料理。還會在門口插上柊樹的小樹枝，上面插著燒煮過的鹽鰯（沙丁魚）魚頭，因為據說柊樹葉的刺會刺入經過門口的鬼的眼睛中，而鹽鰯燒煮後的臭氣會熏走鬼，所以插上「柊鰯」驅鬼。日落前點亮神明或佛前的燈火，在廚房煎「鬼打豆」，之後再撒豆除鬼。13日則是幕府規定的大掃除日，從10日左右就有小販出來賣除高處灰塵用的竹枝葉，這一天連榻榻米也要掀起來好好清理一番。掃除完後，就開始進入年市的時節了，自14日深川八幡宮的年市開始，17、18日為淺草寺、20、21日為神田明神，22、23日為芝神明社，可說整個月江戶都在年市的氣氛中。年市中會賣注連繩、廚具、破魔弓、手鞠、羽子板等玩具或祭祀用品。而家家戶戶也會開始搗餅至大晦日。如果自家不搗餅，也會早早就預約僱人來搗。

到了28日，就要立起門松及惠方壇，準備過年了。30日是大晦日，也就是除夕，這一天大街上會有賣元旦松樹盆栽的攤販，富貴人家也會買整條鮭魚過年，而進入春季的孩子們則會開始玩風箏。商家老闆在這一天則帶著學徒，忙著四處收帳。宮內及大的寺社則有陰陽師進行追儺儀式，而修業十年的職人小學徒或是小僧侶，為了祈求手藝及術業更上一層樓，也會在這時節每晚以水淨身後，赤腳、頭綁白色布條、身著紅色丁字褲，手持長燈籠及鈴，一邊搖鈴一邊向不動明王及金毘羅大權現發願祈禱。晚上則聽說王子一帶會有大片狐火，因為關東各地的狐狸會整裝列隊拜見王子稻荷以敘列官位。如果看到大片狐火，就代表明年農耕會大豐收。

江戶町民的天下祭：熱鬧華麗的神田祭

1853年9月15日是神田明神社祭典舉行的日子。神田祭是江戶三大祭之一，也是德川將軍家與江戶町人的「官祭」，與日枝神社的山王祭皆因將軍家會援助祭禮費用，而被稱為「天下祭」或「御用祭」。不過，自天和元年（1681年）以後，因補助費用減少，為了降低開銷，兩大祭隔年輪流舉行。兩大祭的神輿及山車行列會進入江戶城，讓將軍閱覽。神田祭會由田安門進入，再由竹橋門離開。

祭典最前端是諫鼓雞山車及幣猿山車，其他各町也競相展示自家最華麗的山車，其間還穿插著坐著樂手的囃子屋及供人在上面跳舞的舞蹈台。隊伍行進間，兩座神輿徐徐出現，分別是一之宮大己貴命及二之宮平將門。大己貴命的宮鳳輦上面立有鳳凰，神轎四面則有垂幕，而平將門的神轎則是房屋形狀，雖然形式不同，但兩個都很華麗。後方跟的大江山凱陣的斬鬼首，這可說是山車遊行的高潮，被源賴光所斬下之惡鬼酒吞童子的首級引來圍觀群眾連番叫好。後面緊跟著的桃太郎山車及龍宮山車看到風頭都被搶走了，急著想快往前走好好展示一下自家山車，立刻引來大江山凱陣町民的阻擋。看來各町爭奇鬥豔的勝負之爭還會繼續下去呢！

神田祭與山王祭總是以大傳馬町的諫鼓雞山車和南傳馬
町的幣猿山車開始。諫鼓雞山車上方那隻正在啼叫的雞
宣告著天色將明，意指天下太平及治世來臨，而牠下方
的諫鼓則因長期的治世而久未使用。第二台幣猿山車上
抱著金幣的猿猴，是日枝神社主神山王的使者。另外，
自古以來猿猴就被認為能除魔去厄，也是農業的守護
神，因此神田祭和山王祭的第二輛山車就是神猿山車。

宗教信仰：處處有神明護持的江戶城

目黑新富士

為了無法親自登富士山參拜的信眾，江戶城區便建起了富士塚。這些人工建造的富士塚麻雀雖小五臟俱全，像這座目黑新富士，不但高達15公尺，山腳下還配有鳥居，山頂也建有神社，參拜的香客人來人往，十分熱鬧。

目黑不動瀧泉寺

關東最古老的不動明王靈場，也是「日本三大不動」之一。據說平安朝的慈覺大師圓仁夢到面色青黑、右手持降魔劍、左手持繩的神人。圓仁至唐朝長安青龍寺時發現此為不動明王，歸國後便建造此寺。三代將軍德川家光在江戶城內設立五處眼睛顏色不同的不動明王像，鎮守江戶、保衛幕府，此處是目黑不動。

日枝山王神社

山王信仰可說是古老山岳信仰的體現，主神是大山咋神及德川將軍祖神。此神社的位置相當於江戶城的「內鬼門」，與位於「表鬼門」的神田神社，皆負有鎮守保護江戶城不受鬼怪侵擾的使命。這裡的山王祭是江戶三大祭之一。

增上寺

為德川家靈廟之一，同時也是關東十八檀林之首。1598年由於江戶城的擴建而遷址，德川家康捐贈了三解脫門及經藏。

江戶城

迷信的江戶人不論是神道的神社、佛教的寺廟，或是夾雜民間信仰的稻荷、地藏，都認為有拜有保佑。所以江戶人一年中總是花許多時間在參拜神社，大一點的寺社還會有「功德加倍日」，例如相信6月24日參拜愛宕神社就能得到參拜千日的功德，7月10日參拜淺草觀音更會得到四萬六千日的功德。所以江戶人從大年初一開始，年中行事就跟著寺社的各種祭典跑，加上寺社祭典都與市集結合，也就成為江戶人闔家遊樂的好去處了。

富岡八幡宮

深川的富岡八幡宮的祭典是江戶三大祭之一。由於八幡神主要庇佑武士階級，所以格外受到德川幕府的尊崇，在一半人口是武士的江戶中也得到許多支持。

44

地藏

地藏是「町的結界守護神」，各村里界線都有立石地藏，也會在陰間照顧夭折的孩子，所以被視為兒童的守護神。每年8月24日地藏祭時會誦經、為袖沐浴更衣、供奉地藏祭特有的燈籠，還會分點心給小孩。

王子稻荷神社

為關東稻荷神社的總社。在德川幕府立基於江戶之前，稻荷神就被視為農業神而受到祭祀，後來幕府將王子稻荷委以關東地區稻荷統領之權力，所以據說每年大晦日深夜會有狐火聚集，那是因為關東的狐狸都會至此處等待王子稻荷授予官職。通常在宅邸新建時會勸請稻荷神，商家、町里也會視其為社區保護神而供奉，所以江戶處處可見稻荷神社。

天王感應寺

谷中的感應寺與目黑不動、湯島天神，是江戶發行「富籤」著名的「江戶三富」。富籤是寺廟神社籌款時發行的彩券，民眾購買富籤後，廟方會給買方一組記有相同編碼的木牌及紙籤，買方保留紙籤，將木牌歸還。廟方將歸還的木牌放入大木箱中，每月開獎日（感應寺是18日）先重新洗牌，再用錐子往箱子洞口突刺，刺出中獎的木牌編號，因此又稱為「富突」。民眾常合資購買一張富籤，而頭彩獎金多達100-300兩。

湯島天神

祭祀著學問之神菅原道真。據說過去的大將軍源賴朝征討奧州於此處休息時，曾夢到騎著牛的菅原道真顯現聽取他的願望，因此這裡的繪馬是乘牛的天神。

寬永寺

三代將軍德川家光所建，祭祀天海慈眼大師與天台宗的慈惠大師，為天台宗關東總本山的所在地，主要供奉藥師如來，與增上寺一樣皆為德川家的靈廟之一。

神田明神

創建於730年的神田明神社，元和年間（1616-1624）遷移至現址湯島台，祭祀大己貴命與平將門。江戶人把平將門當作鋤強扶弱的關東英雄，加上幕府的支援，神田明神成為江戶的「御靈信仰」，被視為江戶的總鎮守神明。

吉原

淺草寺

江戶庶民信仰的代表就是淺草觀音。於628年建立，是江戶最古老的寺廟，也是聖觀音宗的總本山。

回向院

1657年振袖大火後，大半個城市都被燒毀，死傷多達十萬人。幕府為集中埋葬死者建立回向院，日後城內無法領取的遺體、因天災火事或病死斬首的罪犯都葬於此。每年的相撲比賽也在這舉行。

龜戶天神

與湯島天神一樣祭祀學問之神菅原道真，也是江戶有名的賞梅及賞藤景點。

江戶人熱愛怪談傳說，各種不可思議的事都能讓江戶人津津樂道，其中「百物語」試膽大會更是江戶人的熱門娛樂活動。一群人聚在一間暗室內，並在隔壁房間準備用藍色和紙糊的行燈，添上足夠的燈油，再點燃一百支燈芯並排在一起。行燈旁安置一張小木桌，上頭擺一面鏡子。每個人輪流說完一個怪談後，就必須自己摸黑走到隔壁，把一支燈芯吹熄後，從鏡中照一下自己的臉才能回到原來的暗室。據說講到第一百個怪談時，就會發生恐怖怪異的事情。

這天金之助邀大家到本所一處荒廢的宅邸玩百物語，率先說起江戶三大怪談的「皿屋敷的阿菊」。據說阿菊是住在牛込御門內五番町的青山播磨守主膳宅邸的一位女傭，某天她打破了主家珍藏的一套十個盤子中的一個。憤怒的青山懲罰了阿菊，先讓人切掉她的中指，再將她關起來準備擇日處死。被綁住的阿菊逃出後，在宅邸內的古井投井自盡。她死後不久，每晚井底都會傳來女人數盤子的聲音：「一個、兩個……啊！少了一個！」迴盪在宅邸內……

金之助起身去隔壁吹燈，熊七不干示弱地說起上野的浪人新三郎與名門閨秀阿露的「牡丹燈籠」怪談。話說新三郎與阿露二人雖一見鍾情，卻因門不當戶不對而無法廝守。之後新三郎聽聞阿露及其下女阿米都病死了，孰料七月十五日當晚，阿露和阿米居然提著牡丹燈籠來找新三郎。與阿露夜夜相會的新三郎在鄰居的提醒下才知道阿露已成為沒有下身的骷髏。發現真相的新三郎貼上驅鬼的符咒阻擋，卻被貪求女鬼賄賂的鄰居撕去符咒，最終成了一具牡丹燈籠旁的屍首。

幾輪故事之後，最後一棒又輪到金之助，陰瑟瑟的夜風讓他想起悲戚的「四谷怪談」。自幼因疾病破相的醜女阿岩，受到入贅夫婿伊右衛門的背叛，不但失去了父親的家業，還在受騙離婚後目睹伊右衛門迎娶上司懷孕的外室，身心俱創的阿岩自此不知所蹤，但伊右衛門與他上司家中開始怪事不斷，且兩家都以惡疾滅門而終……金之助吹熄了最後一支燈芯，暗室中，眾人彷彿聽見了什麼……

本所七不思議

本所地區流傳著七件不可思議的怪事，其中，夜行者最怕的怪談莫過於「送行拍子木」與「送行燈籠」的故事。前者是打更人在工作結束後，聽見本應停止的拍子木，不斷從背後傳來敲擊聲，像是在護送打更人回家，但猛回頭身後卻空空如也。後者則是在夜行之人前面出現一盞搖搖擺擺、忽暗忽明的提燈，若走向它所指示的相反方向，燈籠就會追來，但若跟著，就會迷途，燈籠也就此消失。就是夜晚待在家裡，也不見得平安，像三笠町旗本味野炎之助的家就是著名的「洗腳鬼屋」。每晚總是從屋頂傳出「幫我洗腳」的叫聲，一隻長滿毛的巨大小腿同時踏破屋頂從天而降。如果聽話地幫他洗了腳，屋頂上的怪異現象會消失，等待第二天又再回來。但若不聽他的命令，小腿的主人就會暴怒地蹬踏屋頂。

天狗

目目連

轆轤首

縊鬼

河童

江戶時代鼎盛的妖怪文化，配合版畫工藝與彩色套印技術，造就坊間大量配合精美插畫敘寫怪談的書籍。葛飾北齋的《百物語》、鳥山石燕的《畫圖百鬼夜行》及《今昔畫圖續百鬼》等畫卷，呈現多采多姿的妖怪世界。對江戶人而言，妖怪並非只有可怖的面貌，反而是貼近庶民生活的娛樂話題。江戶時期妖怪繪卷的「常客」包括：

縊鬼——使人產生衝動上吊自殺的「死神」。

目目連——做了虧心事的人，見到靜夜的房間四下出現密密麻麻的雙眼，最後自己的雙眼也會被奪走，成為被目目連的一部分。

轆轤首——脖子伸縮自如、隨意念遊走的長頸妖怪。會勒斃沉睡的人，再以尖齒將對方啃蝕殆盡。

河童——背上有龜甲、頭戴碟子的河童，乍看像個紅臉圓眼的小孩。河童喜歡搗壞田地偷食蔬菜，也常被家長認為是孩子在河邊溺水的肇因。

天狗——傳說天狗總是偷偷將小孩抓到某處，數月或數年後才放他們回家。他會將孩子抓到空中，移往日本各地，或教導孩子各種法術及知識，經過一段時間後，再放他們回家。江戶時代若有孩子失蹤，大多認為是天狗作祟。

豆腐小僧——頭戴竹笠，手捧一盆豆腐販賣的妖怪小孩。他完全無害，是江戶中期出版品中的人氣主角，製成玩具後也大受歡迎。推測豆腐業者為促銷產品而創造的可愛妖怪。

滑瓢——身穿黑色羽織、腰際插著太刀，頗具威嚴的老人，在傍晚忽然來訪。他坐下之後就再不想起身，反客為主地賴在苦主家中。

手眼——某位盲眼按摩師，被騙錢不成的詐欺犯殺了，之後只要旅人經過，按摩師的鬼魂就會伸出長著眼珠的手掌，找尋殺死自己的犯人。

輪入道——大車輪中間有一禿頂人頭，常在成年女性後面喊著「快來看妳的孩子」，只要女人一回頭，就會失去靈魂或被變成鑽石吃下去。

洗腳鬼屋

輪入道

手眼

送行拍子木

阿菊

滑瓢

豆腐小僧

牡丹燈籠

阿岩

江戶時期有句「洋槍入女人出」，意指進入江戶城的武器及離開江戶城的女人都要嚴加盤查。因為大名的妻子留在江戶充作人質，為了避免她們逃走，也擔心太多武器進入江戶會引起動亂，各關所總是特別謹慎，尤其是通往西日本的箱根關所更是小心。最早只有大名妻小、傷者、可疑者、死者才需要通行手形（許可證）。但自1628年開始，所有人都要通行手形，女性則要有各藩的留守居或町奉行的許可才能通關。女手形上面需寫明身分、來歷、目的地、人數、交通工具數量、旅行的理由，並描述樣貌特徵以便官差辨認。關所中主要執行核驗身份的是「定番人」及「人見女」，後者是專門檢查女性旅人的女職員。在箱根，定番人及人見女都住在關所附近，為世襲的職務。另外，關所也和江戶城門一樣，早上6點開啟，晚上6點關閉，所以一般進出江戶的旅人，都會在通過箱根關所前，於天未黑時就投宿在三島或小田原，隔天一大早再通過關所、翻過箱根山。

▼威嚇旅人的捕盜三工具
　——刺股、突棒、袖搦

五街道

自1624年開始，德川幕府陸續修建了五條以江戶日本橋為起點的陸上交通要道。最早完成的是通往京都三條大橋的東海道，另外還有通往下野日光坊中的日光街道、通往陸奧白河，因松尾芭蕉《奧之細路》而聞名的奧州街道、往近江草津的中山道，以及最後完成於1772年，通往信濃下諏訪的甲州街道。五街道途中，每隔一里（4公里）就設「一里塚」里程碑，河川也設擺渡船。起初只有公差武士、商人、參拜者可使用。最大的驛站就是東海道的品川宿，附近有增上寺、御殿山等景點，因此相當受到江戶人歡迎。

江戶中期以後，拜整備完善的全國道路網以及旅遊相關文學、浮世繪版畫所賜，人們對出外至名勝景點、溫泉、寺社旅遊一事興致高昂。雖然出門一趟不易，但若是宗教參拜則較能成行，因此儘管如伊勢參拜自江戶出發，往返需耗費二十四天，參加御師組的進香團更要耗費數十兩，很多人還是趨之若鶩。

伊勢神宮
問起江戶人一生必去一次的地方，十個人中有九個會說是伊勢神宮。內宮祭祀天照大御神，外宮祭祀豐受大御神。伊勢神宮保存著象徵日本皇權三神器之一的八咫鏡，可說是日本皇室的象徵。

富士山
江戶的老百姓莫不希冀參拜美麗的富士山，正月初三要仰望山頂仍積雪的「初富士」，6月1日開山則組織動員「富士講」信眾參拜。即使去不成，也要到市區內的迷你富士塚聊表心意。

大山
位於相模地區的大山石尊，是江戶職人篤信的巨石靈場，曾一年多達二十萬人參拜。於6月27日至7月17日之間登上山，瀑布沖洗時同時高喊「懺悔懺悔、六根清淨」就能洗滌罪惡。

江之島
自江戶時代中期，江戶人開始流行參拜以精進演藝、口才及學問，同時也能帶進財富的江之島弁財天。江之島被視為小蓬萊仙山，秀麗的風景又離江戶不遠，吸引許多人參拜旅遊。

《東海道中膝栗毛》
十返舍一九的知名滑稽本。內容描述住在江戶神田八丁堀的彌次郎兵衛與寄居的喜多八兩人，為了消災解難而前往伊勢神宮參拜，途中兩人經由東海道一路上發生各種滑稽笑談。書名中的「栗毛」是栗色的馬，「膝栗毛」則意指用自己的膝蓋替代馬，也就是徒步旅行之意。這本書的第一冊於享和2年（1802年）正月由村田屋治郎兵衛出版，書中還配有作者自己畫的插圖，一出版就大受好評，也讓許多庶民更嚮往自助旅行。

旅行指南及打包清單
為了讓熱愛旅遊的江戶人能輕鬆自在地徜徉全國各地，許多旅遊指南應運而生。文化7年（1810年），最權威的旅遊指南《旅行用心集》出版了。作者八隅盧庵不但提供各宿場之間的距離、費用、訂房需知等資訊，還詳列旅行的必備物品。旅客可以住在備有早晚餐的「旅籠」或是只供住宿、比旅籠便宜三分之一以上的「木賃宿」。八隅盧庵建議大家要自備麻繩、鉤子，這樣進到房間，繩子一綁，所有隨身物品都可以掛在繩子上，還能晾衣服呢。另外還要自備小提燈、蠟燭、打火道具包、扇子、剃刀、針線、小鏡子、小梳子等，因為這些東西旅店都不會提供。如果住在木賃宿，那還要自己帶米及其他食材，再向店家借鍋灶自炊。如果是有志於寫一本如同《東海道中膝栗毛》般，將旅行見聞融入小說的作家，那可不能忘記帶名為「矢立」的筆墨組合。當然，最重要的就是通行手形，若要在同一家旅店連續住上幾天，除非是在箱根、熱海、草津等地進行溫泉療養，不然就要事先提出申請。沒有提出申請就在同一家旅店連續投宿，可是會被當成可疑人物呢。

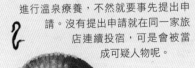

嘉永6年（1853年）舊曆6月3日，平靜無波的江戶灣浦賀沖突然駛入四艘軍艦——密西西比號（Mississippi）、普利茅斯號（Plymouth）、薩拉托加號（Saratoga）和薩斯奎哈納號（Susquehanna）。這四艘船船體被塗黑色，因此被稱為「黑船」。載有六十四門大砲的軍艦為日本帶來莫大的騷動，而當天早上9點，響起的隆隆砲聲更是嚇壞了浦賀的居民。在美國使節馬修‧培里（Matthew Calbraith Perry）向幕府官員遞交美國第十三任總統米勒德‧菲爾莫爾（Millard Fillmore）的國書時，他能看見官員在無比嚴肅的神情背後，似乎還掩飾著恐懼，而海岸邊偶然見到他們一行的民眾，更像是遇到天降的厄運般慌忙奔逃。江戶民眾恐懼著即將來臨的戰爭，城中物價高漲，梅干貴了兩倍，盔甲也一夕之間漲了八倍。

被迫接受國書的幕府，動員土佐、仙台、鳥取等藩防守江戶灣。江戶城像一鍋打翻的熱油，神風也未如眾人之願吹來摧毀敵艦，十二代將軍德川家慶就在這片混亂中於22日過世了。這一年的9月23日，坂本龍馬的父親八平在信中寫道：「異國船來航，近期內將會掀起戰爭。到時候將會取下外國人的首級再歸國返家。」由此可見當時日本人對戰爭爆發的緊張及對外國人的敵意。培里向接受國書的幕府宣告明年將再來聽取回覆，雖然避免了一場戰事，但是卻點燃日本國內開國派與攘夷派長達十五年的爭執，也埋下結束德川幕府政權的火苗。

寢食難安的江戶人

黑船來航的當天晚上，據說許多江戶人徹夜未眠，紛紛至神社拜拜，祈禱神風能將這四艘軍艦吹走。神風沒有應許江戶人的心願，因此黑船成為瓦版新聞的頭條。與黑船有關的瓦版，內容不外乎是描繪黑船的龐大或是培里的長相，但一勇齋國芳卻獨樹一幟，在6月中刊行了《浮世又平名畫奇特》。這幅畫右下方是一位驚慌失措的幕府官員，據信國芳是暗諷老中阿部正弘。阿部的上方有一位武士，其袖子上寫有「かん」（kan），這位是第十三代將軍德川家定。因家定的綽號是「癇性公方」（癇的發音即為かん，指其天生患有癇症。公方則是指將軍）。國芳毫不忌諱地將幕府對黑船的驚懼以及繼位將軍的問題呈現在畫中，左上方再配以載歌載舞的江戶老百姓，藉此諷刺政府的無能。這副畫也因而遭到禁止出版、沒收、罰款連續三項懲處。

鎖國的結束及邁向轉變的江戶

原本與西班牙、葡萄牙、荷蘭人等皆密切往來的日本，在第三代將軍德川家光於1633至1639年間一連串禁令下，不但中止了朱印船貿易、禁止基督教傳入、嚴禁日本人出國，更限制只有中國人與荷蘭人可在長崎貿易。另外開放對馬藩與朝鮮維持邦交、薩摩藩與琉球王國往來，而松前藩可與愛奴族進行交易。就這樣，除了這四個地方，整個日本進入「鎖國」。1854年培里帶了七艘軍艦二次來航，無力與其對抗的幕府因此簽下了《日美和親條約》，正式決定「開國」。

另外，黑船來航後，老中阿倍正弘開始加強江戶灣的警備。先是7月23日命令江川太郎左衛門等人建造砲擊用的台場（砲台），江川在富津─音崎、本牧─木更津、羽田沖及品川沖四處規畫了四道防線，但因為預算及工程期的緣故，最後只建造了品川沖的十一個台場。11月14日，任命川越藩、會津藩、忍藩三藩守備一至三號台場。幕府也解除了禁止諸藩建造大船的禁令。9月19日成立浦賀造船所，中島三郎助的《嘉永上書》提及：「為了防衛江戶灣……應當添置軍艦三十艘，其中三分之二應分配給負責守衛江戶的諸藩，其餘的三分之一則配屬浦賀奉行所。」兩個月後，幕府自建的西式帆船「鳳凰丸」竣工。在11月7日，任用兩年前自美國返國的約翰萬次郎協理美國外交事務，日本開始向西化之路邁進。

東京大學赤門

曾是江戶時代百萬石大名的前田藩上屋敷所在地，也就是前田藩主至江戶參勤時入住之處，現在則是東京大學的本鄉校區。仍留在這裡的，只剩1827年為迎接下嫁加賀藩主前田齊泰的第十一代將軍德川家齊之女溶姬，所建造的「御守殿門」。這道以唐破風構造建成的赤門，見證了江戶時代的消逝。

品川台場

1853年「黑船來航」後，為了抵抗外人的入侵，德川幕府在海濱設置砲台，最有名的就是內品川外海的「品川台場」。遺留下來的第三台場成為今日熱鬧的台場公園，兩側的彩虹大橋與調色板城大摩天輪讓人忘記這裡曾是捍衛江戶城的第一道海上防線。

日本橋

日本橋是江戶通往全國的五街道起點，更是重要的陸路和水路輸送站。橋旁曾聚集了全國各地來的船隻，帶來的不只是物資的交易，還有各地情報、出版品、藝術品等文化的傳播交流。現今上方橫亙著快速道路的日本橋仍是東京的中心地區，但過往人聲鼎沸的魚河岸已不復存在。

東京車站

在皇居外圍的丸之內本來是江戶時代諸多大名宅邸所在，因此又被稱為「大名小路」。負責江戶治安的北町奉行所及消防隊也設在此處。現今大名宅邸不在，原來大名與庶民居住區間的分界線也已消弭，只剩下紅色磚瓦的東京車站及一棟棟高樓大廈象徵江戶時代結束後的現代化日本。

猿若町

曾是繁華的歌舞伎三大芝居所在的猿若町，當太鼓聲一響，各種劇目從早上演到晚間，是江戶百姓吃喝玩樂的場所。不過，現在這裡只是普通的住宅區，讓人完全無法聯想在1853年時，第八代市村團十郎曾在此處的市村座，以一場場華麗的演出成為江戶人的偶像。

| 參考書目 |

中文專書與期刊

山本博文，《回到江戶過生活：比現代東京有趣100倍的美好年代》，台北：本事文化，2012年。

江戶歷史研究會，《輕鬆讀歷史7江戶風情話》，新北市：楓樹林出版社，2014年。

杉浦日向子，《一日江戶人》，台北：漫遊者文化，2009年。

多田克己，《日本神妖博物誌》，台北：商周出版，2009年。

林容慧、詹慧珊，〈日本近世時期紅化妝文化之研究〉，《臺南女院學報》24：1（2005年），頁145-175。

茂呂美耶，《江戶日本》，台北：遠流，2009年。

鈴木則子，〈鏡中美女——從江戶時代的化妝書看美容意識的變遷〉，黃秀敏譯，收入李貞德編，《性別‧身體與醫療》，台北：聯經出版公司，2008年。

歷史之謎探討會，《江戶時代文化一本通：從商人規範、武士儀節到敦親睦鄰之道》，新北市：遠足文化，2014年。

———，《江戶的餐桌：美味無比的雜學知識》，新北市：遠足文化，2014年。

磯田道史，《江戶時代那些人和那些事》，台北：遠流2014年。

日文專書與期刊

《江戸の技と匠独自の文化を支えた職人と科学者たち》，東京：雙葉社，2012年。

八隅蘆菴著，櫻井正信譯，《現代訳旅行用心集》，東京：八坂書房，2009年。

十返舍一九著，麻生磯次校注，《東海道中膝栗毛》上、下，東京：岩波書店，1973年。

三谷一馬，《江戶年中行事図聚》，東京：中央公論社，1998年。

———，《江戶商売図絵》，東京：中央公論社，1995年。

———，《江戶庶民風俗図絵》，東京：中央公論社，2007年。

———，《江戶職人図聚》，東京：中央公論社，2001年。

———，《彩色江戶物売図絵》，東京：中央公論社，1996年。

大岡敏昭，《幕末下級武士の絵日記——その暮らしと住まいの風景を読む》，東京：相模書房，2007年。

山本博文，《参勤交代》，東京：講談社，1998年。

山本博文監修，《歴史人》46（2014年8月）「江の暮らし大鑑」。

山田順子，《お江戶八百八町三百六十五日》，東京：實業之日本社，2012。

———，《なぜ、江戶の庶民は時間に正確だったのか? 時代考証でみる江戶モノ65の謎》，東京：實業之日本社，2008。

———，《本当に江戶の浪人は傘張りの内職をしていたの

か?—時代考証でみる江戶の仕事事情》，東京：實業之日本社，2008。

山路興造，《江戶の庶民信仰 年中参詣‧行事暦‧落語》，東京：青幻社，2008年。

今田洋三，《江戶の本屋さん—近世文化史の側面》，東京：平凡社，2011年。

正井泰夫，《図説東京の今昔を歩く!江戶の地図帳》，東京：青春出版社，2012年。

江戶人文研究會，《絵でみる 江戶の町とくらし図鑑》，東京：廣濟堂，2011年。

竹條創、逸見幸生，《切絵図‧現代図で歩くもち歩き江戶東京散步》，東京：人文社，2003年。

青木直己，《幕末単身赴任 下級武士の食日記》，東京：日本放送出版協會，2011年。

町田市立国際版画美術館監修‧佐佐木守俊，《歌川広重保永堂版 東海道五拾三次》，東京：二玄社，2010年。

和田京子，《妖怪萬画（第1巻 妖怪たちの競演編）》，東京：青幻社，2012年。

———，《妖怪萬画（第2巻絵師たちの競演編）》，東京：青幻社，2012年。

佐藤要人監修‧藤原千惠子編，《図説浮世絵に見る江戶の旅》，東京：河出書房，2000年。

高橋雅夫及佐藤要人監修，藤原千惠子編，《図説浮世絵に見る江戶の一日》，東京：河出書房，2008年。

鳥山石燕，《鳥山石燕 画図百鬼夜行全画集》，東京：角川書店，2005年。

菊地ひと美，《江戶衣裝図鑑》，東京：東京堂出版，2011年。

鈴木俊幸，《絵草紙屋 江戶の浮世絵ショップ》，東京：平凡社，2010年。

磯田道史，《武士の家計簿——「加賀藩御算用者」の幕末維新》，東京：新潮社，2003年。

鎌田道隆，《お伊勢参り 江戶庶民の旅と信心》，東京：中央公論社，2013年。

網站

早稻田大學古籍總合資料庫，http://www.wul.waseda.ac.jp/
　　kotenseki/index.html

早稻田大學演劇博物館資料庫，http://www.enpaku.waseda.ac.jp/
　　db/index.html

國立國會圖書館開館60周年紀念貴重書展，http://www.ndl.go.jp/
　　exhibit60/index.html

國立國會圖書館電子展覽會——江戶的數學，http://www.ndl.
　　go.jp/math/

國立國會圖書館電子展覽會——江戶的日蘭交流，http://www.ndl.
　　go.jp/nichiran/index.html

國立國會圖書館電子展覽會——書的萬華鏡，http://www.ndl.
　　go.jp/kaleido/index.html

東京國立博物館所藏古地圖資料庫，http://webarchives.tnm.jp/
　　pages/oldmaps/index.html

江戶時代物價表，http://www.teiocollection.com/

ビバ!江戶，http://www.viva-edo.com/index.html

東京都立圖書館江戶東京展，http://www.library.metro.tokyo.jp/
　　portals/0/edo/tokyo_library/index.html

東京都立圖書館古文書資料庫，http://archive.library.metro.tokyo.
　　jp/da/top

從古文書解讀參勤交代，http://www.ab.auone-net.jp/~xe2918/

圖片來源

頁29：

吉田光由，《新編塵劫記》，古典數學書院於1935年刊印，國立
　　國會圖書館資料庫，http://dl.ndl.go.jp/info:ndljp/
　　pid/3508170/。

又玄齋南可，《商賣往來繪字引》，DigitalisierteSammlungen，
　　http://digital.staatsbibliothek-berlin.de/werkansicht/?PPN=PPN33
　　4366961X&DMDID=DMDLOG_0005。

頁30：

葛飾北齋，《畫本東都遊——繪草紙店》，1802年刊行，東京都
　　立博物館，http://www.library.metro.tokyo.jp/portals/0/edo/
　　tokyo_library/bungei/page1-1.html。

歌川國貞（初代），《今樣見立士農工商職人》，1854年刊行，
　　江戶東京博物館。http://digitalmuseum.rekibun.or.jp/edohaku/
　　app/collection/detail?id=0192200010&sk=%89%CC%90%EC%8
　　D%91%92%E5。

十返舍一九，《東海道中膝栗毛》，國立國會圖書館資料，http://
　　dl.ndl.go.jp/info:ndljp/pid/2558997。

中川五郎左衛門編，《江戶買物獨案內》，山城屋佐兵衛於1824
　　年刊印，國立國會圖書館資料庫，http://dl.ndl.go.jp/info:ndljp/
　　pid/8369322。

景山致恭、松昌訓、井山能知，《江戶切繪圖－今戶箕輪淺草繪
　　圖》，金鱗堂尾張屋清七於1853年刊印，國立國會圖書館資
　　料庫，http://dl.ndl.go.jp/info:ndljp/pid/1286208。

頁31：

歌川廣重，《東海道五十三次——蒲原宿》，http://commons.
　　wikimedia.org/wiki/File%3AHiroshige13_numazu.jpg。

一勇齋國芳，《相馬的古內裏》，http://visipix.com/search/search.
　　php?userid=1616934267&q=%272aAuthors/K/Kuniyoshi%20
　　1797-1861%2C%20Utagawa%2C%20Japan%27&s=23&l=en&u
　　=2&ub=1&k=1。

三代歌川豐國，《吉原時計酉時》，波士頓美術館藏，http://ja.
　　ukiyo-e.org/image/mfa/sc226001。

頁32：

三代歌川豐國，《與話情浮名橫櫛》，1853年刊行，早稻田大學
　　演劇博物館浮世繪資料庫，http://enpaku.waseda.ac.jp/db/
　　index.html。

頁35：

歌川國鄉，《兩國大相撲繁榮之圖》，1853年刊行，相撲博物館
　　藏。

《新板大江戶持○長者鑑》，いい 東京，http://www.ee-tokyo.
　　com/edo/banduke/gif/tyoujya.html。

《會席獻立料理通》，1854年刊行，いい 東京，http://www.ee-
　　tokyo.com/edo/banduke/gif/ryouri-tuu.html。

頁50：

"Matthew Perry"（馬修‧培里），美國國會圖書館藏1854年版
　　畫，http://commons.wikimedia.org/wiki/File:Matthewperry.
　　jpg。

頁51：

一勇齋國芳，《浮世又平名畫奇特》，越平於1853年刊行，國立
　　國會圖書館資料庫，http://dl.ndl.go.jp/info:ndljp/
　　pid/1312047。

作者

梅心怡
加州大學洛杉磯分校（University of California, Los Angeles）歷史學博士候選人、布朗大學（Brown University）歷史學碩士。熱愛歷史，希望能讓更多人知道歷史並不枯燥乏味，可以用輕鬆有趣的圖文聆聽過去的聲音，了解古老時光的動人之處。

趙家璧
東海中文學士、加州州立大學長堤分校（California State University, Long Beach）語言學碩士，喜歡看書，也喜歡為小朋友寫有趣的故事。相信很多知識都可以是有趣的，對於和身邊的人分享新知樂在其中，因此一直嘗試著文字創作的工作，希望能與更多人分享發掘新事物的快樂。

繪者

趙大威、韓采君
趙大威，大學畢業於加州藝術學院（CalArts）角色動畫系，回國後於臺灣藝術大學多媒體藝術學系取得碩士學位，擅長傳統2D動畫與分鏡繪製。

韓采君，復興商工美術科西畫組，在動漫相關領域有近十年的工作資歷，曾任漫畫助手、遊戲與動畫背景美術，對於美術風格與色彩設計有著豐富的經驗。

夫妻兩人曾合力製作：《菊花小箱》、《黑熊阿墨》等動畫作品，長期投入具有共同視覺特色的圖像創作，並期望作品能帶給讀者愉悅的心情。